쉽게 풀어쓴 **핵실험** 이야기

[개정판]

北韓核의 正體

김정일 핵실험 왜 했을까?

이경 북한이야기 ①

[개정판]

북한핵의 정체

김정일 핵실험 왜 했을까?

정만수 지음

도서출판 이경

차 례

어두움 깨워 망루에 올라
두 눈 부릅뜨니
어허라! 북녘 땅
모래바람 천지를 덮었네....
남녘바람 세차게 불어대여
삼천리 금수강산
우리가 지켜내세...
자! 한라에서 백두까지
모두모두 힘차게 힘차게...

개정판을 내면서

북한 김정일은 핵으로 무장하였으니 이제 무엇을 할 것인가? 필자는 **"앞으로 1~2년이 김정일의 핵전략과 전술이 총동원되는 시기라"** 고 본다. 김정일은 대담한 전략과 전술을 구사할 것이다.

첫째, 북한은 2007년 남한의 대통령 선거에 개입할 것으로 예상된다. 결정적 시기를 택하여 남북 고위급회담이나, 정상회담을 전격 수용하여 "한반도 영구 평화 선언"을 하고 불가침조약과 평화협정 체결을 제창하는 등 대 정치쇼(show)를 예측해 볼 수 있다.

그리고 한반도 영구 평화를 위하여 민족 평화 세력을 당선시켜야 한다며 선거 정국에 깊이 개입하려 들 것이다. 또한 대남조직을 총동원하여 흑색선전, 공갈, 협박, 심리전, 테러 등으로 선거에 영향을 줄 수도 있을 것이다.

이것이 바로 북한의 인민민주주의혁명 전략이다.

둘째, 북한은 남한의 대통령 선거에서 소기의 목적이 달성되지 않을 경우 미국과 직접 담판을 벌일 것이다.

"미국의 대북 핵전략의 최후금지선인 북한핵의 제3국이나 테러 집단에 이전"을 오히려 역공으로 이용할 수 있다.

북한은 주권국가로서 “미국의 금지선을 지키고 안 지키는 것은 북한의 권리다”고 주장하면서 정면으로 총정치공세를 펼치며 주한미군 철수를 관철시키려 할 것이다.

셋째, 북한은 모든 것이 실패할 경우 “직접 힘으로 밀어붙여 결판을 내려고 하는 최후의 카드”를 꺼내들 수도 있다. 무력 분쟁을 일으켜 한미연합군을 전쟁에 끌어들이고 정치 협상을 벌여 ‘핵전쟁 확전이냐, 평화냐를 이슈로 등장시켜서 미군철수와 평화협정을 북한핵 폐기와 막 바꾸자고 제안할 가능성도 점쳐 볼 수 있다.

미군이 철수한 한반도에서 남조선혁명을 끝내겠다는 것이 변하지 않는 북한의 대남 기본 전략이다. 따라서 실제 북한이 펼치고자 하는 전술 전개 양태를 이번 개정판에서 다루어 보고자 하였다.

특히 8장 1.김정일의 초조한 마음, 12장 3.우리 국군과 한미연합사, 4.북한 경제의 중국 예속화, 5.김정일의 대남 혁명전쟁, 6.북한의 6자회담 전략 전술, 13장 4.사회 정화와 당국의 역할에서 새로이 내용을 추가하고 보완하였으며 매끄럽지 못한 문장과 오자를 바로 잡는 데 노력하였다.

그리고 이 내용들은 필자의 예측과 연구 분석으로 제시

함으로써 모든 가능성에 대비하자는 순수한 뜻임을 밝힌다.

북한은 위의 3가지 전략이 성공하지 못 할 경우 대실패를 안고 김정일 체제는 한반도에서 영원히 사라질 것이다.

남한은 모든 경우에 완벽하게 대비해야 한다. 남북 간에 실재하는 전쟁 위협을 사라진 것으로 착각하고 민족공조라는 유행어에 따라 때이른 평화의 합창을 부를 때가 아니다.

필자는 우리 정부와 국민 모두가 서로 신뢰하고 합심하여 북한핵 위기를 반드시 극복하리라 굳게 믿는다.

또 "우리에게 그럴 힘이 있다"고 확신한다.

2007. 1. 29

祿靜 鄭萬洙

머 리 말

파아란 하늘 버섯구름 덮으니
시커먼 잿빛광풍 앞을 가리는구나......
어찌타 이 강산 불길 싸이니
겨레여 손잡고 어서 일어나
불길 재워 태극물결 이루어보세....
아! 통일의 꿈 따라 힘차게 앞으로 앞으로...

북한은 드디어 2006년 10월 9일 함경북도 길주군 만탑산 깊은 골짜기에서 핵무기 실험을 하였다. 6·25 사변 한복판에서 전쟁을 치른 필자로서는 한반도에서 핵전쟁이 일어날 수도 있겠구나... 생각하니 앞이 캄캄해지고 2005년 2월 10일 북한의 외무성발표로 핵무기를 가졌다고 발표할 때와는 그 충격이 몇 배나 더하며 가슴을 짓누른다.

마치 광풍을 만나 걱정했는데 지금은 태풍에 휘말리고 있는 듯 어지럽다. 북한 김정일은 왜 이렇게 인민군대만을 붙들고 앞세우며 핵무기 만들어 무장시켜 무엇을 하려고 하는가?

전 세계 모든 나라들의 정권을 잡은 대통령들은 모두 경제를 발전시켜 국민들 잘 먹고 잘 입고 자유롭고 편안하게 사는 세상 만드는 경주를 벌이고 있는 데 북한 김정일은 왜 그럴까?

대통령이 아니고 국방위원장이라서 그럴까... 자세히 알아보려고 한다. 김정일이 입은 외투의 단추를 끄르고 확 벗겨 제쳐서 속내를 들여다보고 진찰해 보고자 한다. 진찰결과에 따라 우리도 약을 먹든지, 주사를 맞든지, 정신을 바짝 차려서 자유의 나라 대한민국을 지켜내는 방도를 모색해야겠다.

서방 선진국은 말할 것도 없고 공산당이 집권하는 중국도 10% 경제 성장률을 기록하며 살판났다고 신바람이 나 있고, 인도도 6%의 경제 성장을 하면서 중국을 따라가고 있고, 좌파인 룰라(Lula) 대통령이 집권한 브라질도 망했던 경제를 5.6%의 성장을 하며 재당선되었고, 역시 공산당이 집권하고 있는 베트남은 8.4% 성장하며 10%의 초고속 성장을 목전에 두고 있다. 러시아 푸틴 대통령도 7%대의 경제성장 목표를 세우고 잘사는 나라를 만들려고 신들려 있고, 심지어 최빈국 아프리카에서들 조차 잘 살아보려고 난리들이다.

북한 인민들은 먹지도 입지도 못하며, 마음대로 이사할 수도 없다. 편지 한 장 자유롭게 쓸 수도 없다. 말 한마디 잘못하면 수용소행이다. 친아버지보다 김일성, 김정일을 더 높은 아버지로 모셔야하고 최소한도의 자유와 인권 같은 것은 처음부터 있지도 않았으며 정치보위부의 무시무시한 감시만이 있을 뿐이다. 참으로 지옥 같은 생활을 하고 있는 실정이다. 그런데 김정일은 북한의 돈이란 돈은 혼자서 몽땅 다 가지고 미사일, 화생무기, 핵무기 만드는데 쏟아 붓고 있으며, 자신은 세계의 산해진미를 모두 들여다 먹고, 양주 꼬냑 와인을 물마시듯 하고 이태리 대리석으로 지은 호화 궁정에서 신선놀음 하면서 높은 간부들에게는 값진 하사품으로 눈가리개를 씌우는 일에 골몰하고 있다. 이렇게 가려져 있는 문제들을 파헤치고 왜 핵실험을 했는지를 진지하게 이 책에서 알기 쉬운 이야기 말로 엮어 가려고 한다.

필자는 북한에서 대학 재학 중 6·25 사변을 맞아 강제징집되어 북한군 군관학교를 거쳐 북한군 군관(장교)으로 전선부대에 배치되어 전투를 준비하던 중 탈출하여 '반공유격군 구월산 부대' 창설에 참여하여 유격전을 펼치다가 1951년부터는 미 극동사령부 KLO 8240 부대 제7연대(수월부대) 대대장과 참모장으로 인민군의 후방 기지를 기습공격하고 교란시키는 첩보전에 참전하였다. 대한민국에서는 통일교육 전문위원, 민방위 정신교육 강사와 북한문제 연구와 강의로 약 30년의 세월을 보냈다.

참으로 오랜 세월이었다. 지금은 국민훈장(석류장)만이 지난날을 외로이 비춰주고 있을 뿐이다.

북한의 대학과 군관학교에서 교육받은 군사이론, 정치교육, 실전훈련, 전투경험 등과 오랫동안 북한을 연구한 모든 경험과 감각을 모아 김일성, 김정일의 생각과 남조선해방 전략전술을 실감 있게 분석하여 분명하게 밝히고자 한다. 이 책이 부디 많은 독자들에게 어렵지 않게 읽어지는 북한의 이야기책으로서 상식으로 쉽게 이해할 수 있는 내용으로 받아들여져 북한 핵무장의 정체를 바로 알게 되었으면 한다.

그리하여 이 엄청난 핵 위기를 넘기는 데 어두운 밤하늘을 밝히는 반딧불이 되어 우리 조국 대한민국을 수호하는 데 작은 보탬이 된다면 큰 영광이요 보람으로 간직하겠다.

필자는 이 책에서 딱딱한 북한 문제를 되도록 읽기 쉽게 보통 대화를 나누듯이 풀어 쓰고자 노력하였다. 그리하여 누가 읽어도 뜻을 금방 알 수 있는 북한이야기책으로 꾸며 보려고 하였으나 부족한 점이 많을 것으로 여긴다.

그리고 이 책에서는 조선노동당, 인민군대, 인민, 남조선, 미국놈, 남반부 해방, 남조선혁명, 조국통일전쟁과 같은 단어들을 가감 없이 그대로 썼으며 책의 내용이 북한문제이므로 전체적인 문장의 흐름이나 표현이 북한식으로 엮은 점 이해하여 주기 바란다.

이 책을 펴내도록 권유하고 용기를 준 심옥주 선생에게 감사하고, 캐나다 이민생활의 고달픔 속에서도 이 아비의 건강을 염려해 준 장남 경호, 삼남 경훈과 프랑스의 여식 경미에게 사랑을 보내며, 차남 경환은 대학에서 교편을 잡고 있어 책을 펴내는 데 큰 의지가 되었으며, 특히 좋은 글 쓰게 해 달라고 기도하며 노심초사 정성을 쏟은 아내 한순옥 님에게 고맙다는 말을 하고 싶다. 그리고 이 책을 출판해준 도서출판 이경의 모든 사람들에게 감사를 전한다.

낙동강 철새들의 힘찬 날개짓을 바라보며

2006년 11월 25일

祿靜 鄭 萬 洙 지음

1장 김일성의 통분

분하다 하지 마오
피어린 삼천리 강산
이름모를 골짜기에
한맺힌 영령들
고이 잠드소서
두손모아 빌기나 하지....

1장
김일성의 통분

1. 6·25 북한의 남침 시작되다

김일성은 평생 잊을 수 없는 통분의 한을 품고 1994년 7월 8일 사망하였다. 1950년 6월 25일 새벽 잘 준비된 조선인민군의 대포가 불을 뿜기 시작하였고 소련제 T-34 전차는 굉음을 토해 내며 3·8선을 넘어 전 전선에서 남으로 남으로 진격함으로써 6 · 25 동족상잔의 사변이 일어났다.

북한은 T-34 전차 250대, SU 76 자주포(T-24에 76,2밀리 평사포 장착) 176문 도합 400여대를 앞세워 19만 8천명의 인민군이 파죽지세로 서울을 향해 총 진격의 파도를 이룰 때 남한은 전차 한 대 없고 자주포는 구경도 못한 경무장한 경비대 수준의 국군 10만 5천명으로 후퇴하기조차 힘겨운 처지였다. 그리하여 인민군은 105전차여단을 앞세워 불과 3일 만에 남한의 수도 서울을 완전히 점령하고 말았다. 전쟁사에서 일찍이 유례를 찾아 볼 수 없는 첫 김일성의 대승리였다. 북한 김일성은 1945년부터 5년간 오로지 남조선해방을 위하여 전쟁만을 준비하였다.

소련의 지원으로 T-34 전차(85밀리) 242대, 122밀리 곡사포 172문, 76.2밀리 평사포, 곡사포 380문, 76.2밀리 자주포 176문(대), 260밀리 대전차포 55문, 61밀리 박격포 1142문, 82밀리 박격포 950문, 120밀리 박격포 226문, 장갑차-37밀리포 54대, 고사포 85밀리/35밀리 36문, 전투함(어뢰정) 30척, 전투기 및 연습기 211대 등 소련제 최신무기로 무장한 20만의 정예인민군을 양성하여 남조선 점령과 해방만을 기다려왔던 것이다.

당시 조선인민군 최고사령관을 위시한 고급 지휘관과 참모들은 불과 5년전 만 하더라도 주로 소련군 소속의 위관급 장교에 불과하였다. 따라서 이들이 20만 대군을 운용하거나 전쟁계획을 세우고 지휘하는 것은 힘겨운 일이 아닐 수 없었다. 이 결점을 소련작전 고문단으로 하여금 보완한 것인데, 1950년 4월 중순 독·소 전쟁에서 영웅 칭호를 받은 바실리에프 중장을 단장으로 한 12명 장교로 편성된 작전 고문단이 평양에 도착하여 결정적 역할을 하였다.

소련 지도층은 1949년 초부터 추진한 인민군의 증강과

육성 계획의 목표가 달성되었음을 확인하고 작전 고문단을 파견하여 이들에게 남침 계획 수립과 인민군에 대한 작전지도 임무를 맡겼던 것이다. 따라서 소련이 6·25를 주도했음을 뒷받침하는 확고한 증거 중의 하나라고 하겠다.

또 간과해서는 안 될 사실은 과연 김일성의 20만 인민군대와 소련 고문단의 지도만으로 6·25 사변을 일으켰을까 하는 의문이다. 전쟁 준비를 마친 김일성은 1949년 스탈린을 만나기 위해 모스크바에 갔다. 그는 총검으로 남한을 무찌르기를 원하고 있었다. 그는 스탈린에게 총검으로 남한에 한두 번 자극을 주기만 하면 내란이 일어나서 우리 인민의 힘으로 승리를 거둘 수 있을 것이라고 말했다.

그러나 스탈린은 미국이 개입하게 될 것을 염려하여 김일성에게 심사숙고해서 구체적인 계획을 가지고 다시 오라고 하였다. 김일성은 귀국하여 모든 계획이 마련되자 다시 모스크바를 방문하여 스탈린과 만나 승리를 확신한다고 설득하였다. 이 전쟁이 신속하게 전격적으로 수행된다면 미국의 개입을 피할 수 있다고 하는 의견에 별 이의가 제기되지 않았다. 모택동도 김일성의 제안을 수락하였으며 이 전쟁은 내부 문제이기 때문에 미국이 개입하지 않을 것이라는 의견에 동의하였다. 이리하여 단 3일 만에 수도 서울이 점령되는 6·25 동란이 일어났다.

여기에 맞서는 남한 국군의 모습을 보기로 하자.

전차와 자주포는 한 대도 없으며 105밀리(M-3) 곡사포 91문 중 3문 고장 88문, 57밀리 대전차포 140문, 60밀리 박격포 576문, 81밀리 박격포 384문, 장갑차(37밀리포) 24대, 고사포-없음 소해정 28척, 수송선, 기타 43척, 연락기 22대, 이렇게 정예 인민군에 비해 비교할 수도 없는 장비에 병력 10만 5천명이 남침하는 북한의 기계화된 대군을 맞아 싸우는 신세가 되었다. 3일 만에 수도 서울이 떨어진 것은 어쩌면 당연한 것이다.

그렇다면 지휘부인 우리의 육군본부는 어떠했을까? 북한 인민군이 공격대기지점에 집결하기 시작한 1950년 6월 18일을 전후하여 38도선 북쪽에는 인민군의 활동이 눈에 띄게 분주한 모습을 보이기 시작하였고, 남쪽에서는 긴장한 국군이 관측된 북쪽 상황을 육군 본부로 보고하느라 여념이 없었다. 이런 가운데 6월 22일, 23일에는 춘천과 강릉 지구에서 인민군 병사가 남쪽으로 귀순하여 북한의 공격 준비 실태를 알려주었다. 때를 같이하여 인민군 군관들이 남쪽을 가리키면서 전투 명령을 하달하는 장면도 여러 곳에서 관측됨으로써 이들의 공격이 임박했음을 피부로 느낄 수가 있었다.

38선의 정황이 이러함에도 불구하고 육군 총참모장 채병덕 소장은 전방부대에서 빗발치듯 보고되는 상황을 대수롭지 않게 생각하고 대응책조차 강구하지 않았다. 뿐만 아니라 그는 "북한이 전면 남침할 가능성이 있다"는 정보기관의 판단에 의한 5, 6월 위기설도 전적으로 부인하고 있었다. 38선은 미·소가 확정한 분계선인데 북한이 미국에 도전하는 결과를 초래하게 될 남침을 시도할 리가 없다는 정치적인 말을 그대로 믿고 있었다. 이러한 총참모장의 태도 때문에 육군본부 관계 참모부서는 전방에서 일어나고 있는 긴박한 사태를 평상시 인민군부대의 교대 정도로 가볍게 넘기고 말았다.

더욱 이해하기 어려운 것은 6월 24일에는 장병들에게 외출, 외박이 허가되고 농번기 휴가도 실시하였다. 더구나 이날 밤에는 육군 본부에서 주최하는 모임에 국군 수뇌부와 전후방부대 지휘관 등이 참석하여 밤이 깊도록 주연에 빠져들고 있었다. 38선 북쪽에서 북한 인민군이 공격 개시 시간만을 기다리고 있었던 것과는 너무나도 대조적인 무방비 상태였다. 수도 서울이 3일 만에 떨어진 것이 이상할 리가 없다.

역사는 뒤를 돌아보는 회고의(Retrospective)역사가 아니라 앞을 내다보는 장차의 역사라고 확신한다. 역사는 인간의 지혜의 보고라고 생각하기 때문이다. 일찍이 프로이센의 장군이자 전략의 천재이며 근대적 참모제도의 창시자인 몰트케(Moltke 1800~1891)는 "역사적 연구는 장차 지휘관들이 군사작전을 수행할 수 있는 여러 가지 실정의 복합성을 잘 이해하게 하는데 가장 유용하다"고 하였다. 이런 점에서 6·25를 다시 돌아보는 것이 이 난국을 돌파하는데 보배같은 교훈이 될 것으로 믿는다.

서울을 점령한 인민군은 3일간의 정적을 깨고 다시 진격을 시작하였다. 6월 29일 한국을 방문했던 더글라스 맥아더 장군은 한국에 지상군 투입을 요청했고 6월 30일 트루만 대통령은 한국에 지상군 투입을 명령하였다.

다음 날인 7월 1일 부산에는 미국 스미스 부대가 도착했다. 비록 스미스 부대는 겨우 6시간 동안 북한군 남진을 저지하고 대패했지만, 김일성, 스탈린, 모택동의 "미군개입은 없을 것이다"고 했던 예상을 빗나가게 하는 데 큰 의미가 있었다고 하겠다.

드디어 1950년 7월 7일 유엔 안보리의 결정으로 한국에 최초의 유엔군 파병이 결정되었다. 미 극동군사령관 맥아더 장군이 유엔군 사령관에 임명되었고 미군, 한국군의 총 지휘관이 되었다. 16개국이 한국에 전투부대 파병을, 5개국이 의료 및 시설 지원을 하겠다는 뜻을 유엔에 통보하였으며 이에 따라 지상군은 병력이 총 34만 1000명에 이르렀으며 해군은 2개 기동함대, 공군은 3개 군의 전력이 동원되게 되었다.

그러나 7월 20일 인민군은 대전을 지키던 미 제24사단을 몰아내고 대전을 점령한다. 금강 전선과 대전이 함락당하고 병력이 거의 없었던 호남지방도 쉽게 인민군에 장악됐으며 대구에 있던 대한민국 임시수도도 부산으로 긴급히 이전하였다.

7월 25일에는 이제 부산을 중심으로 남북 135km 동서 90km라는 한줌도 안 되는 땅을 최후의 결전장으로 하여 사투를 벌여야 했다. 미 제8군사령관은 낙동강을 따라서 방어선을 설치하고 미군 장병들에게 "더 이상의 후퇴는 있을 수 없다, 이제는 더 물러 설 수 있는 곳도 없다, 우리는 죽기 아니면 살기로 목숨을 걸고 싸워야 한다"고 독려했다. 한편 미군은 낙동강의 '영산 전투'에서 최대 격전을 벌였다.

8월부터 9월 중순까지 낙동강 전선은 점점 좁아졌고 한때 미군은 일본으로 철수 하려는 계획을 세울 만큼 급박했지만 9월 하순 상황이 호전됨에 따라 한 숨 돌릴 수 있었다. 따라서 8월 15일까지 부산을 점령하겠다던 김일성의 야망은 수포로 돌아가게 되었다. 지금 이 순간 낙동강 전선을 지켜낸 한미 양국군 장병에게 감사를 드리고 낙동강 방어를 위하여 산화한 한국군 장병의 영령을 위로하며 이름 모를 외국 땅 낙동강 전선에서 아니 한국 전쟁에서 전사한 미군 장병과 유엔군 장병에게 눈물로써 위로를 드린다.

1950년 9월 15일 드디어 기적의 때가 찾아왔다. 아니, 기적을 만들어 냈다. UN군과 한국군은 최고사령관 맥아더 장군의 직접 지휘 아래 인천에 상륙하여 인민군의 허리를 차단하는데 성공하였기 때문이다. 한미연합군은 19일 인천을 지나 한강을 건너 공격을 개시하고 20일 주력부대가 서울에 입성하여 26일 정오에는 한국 해병대가 중앙청에 태극기를 게양함으로써 작전은 끝났다.

잠시 전쟁터 이야기를 떠나서 이즈음 전선 뒤에 있었던 북한 후방에서는 무슨 일이 있었는지 필자의 목격담과 체험으로 일부나마 짚어 보기로 한다.

6월 26일 3·8선 접경 지역인 북한 황해도 해주에서는 대학생들과 많은 시민들이 모여서 인민군대의 거리행진을 구경하고 있었다. 어제 새벽 옹진 방면으로 진격했던 인민군들이 남조선 국방군 포로들이라면서 몇 대의 트럭에 태워 전리품인 양 전시하며 행진하고 있었다. 처음으로 본 남조선 군복을 입은 군인들의 모습과 포로로 잡혀있던 처참한 광경이 아직도 필자의 뇌리에서 지워지지 않는다.

선두에 선 지휘관과 당 간부는 붉은기를 치켜들어 저어대면서 "이제 곧 남조선해방의 날이 온다, 김일성 수상 동지께서 조국 통일의 등불을 밝히신다, 용감무쌍한 우리 인민군대는 이러한 국방군 놈들을 단숨에 무찌를 것이다" 등의 고함을 쳐대면서 인민대중을 흥분 궐기시키고 곧 "전쟁이 끝난다"고 호언장담을 늘어놓았다. 그리고 대학에서는 승리를 고취하는 행사가 대단하였다.

라디오 방송에서는 거의 매시간마다 내무성과 인민무력부 발표를 이어가며 "북침하는 국방군을 격퇴시키고 남반부 해방을 위해 위대한 인민군대가 출동하였다. 그리고 계속 남으로 남으로 진격하고 있다"면서 선전에 열을 올리고 있었다. 7월 상순을 넘어서면서 남한을 점령하는 속도가 조금씩 더디기 시작하더니 북한의 대학생들을 일제히 소집하여 열차에 실어 날랐다. 필자도 대학생 소집에 강제되어 도착한 곳이 평양 승호리에 있는 인민군 군관학교였다.

밤과 낮이 따로 없는 고강도의 혹독한 훈련을 받던 9월

상순 어느날 야간에 긴급비상소집으로 우리 훈련생도대는 강당에 모두 집합하였다. 그리고 군관복과 별이 달린 계급장을 나누어 주면서 빨리 착용을 마치고 전선 배속군부대로 출동하라는 명령이 떨어졌다. 졸지에 인민군 군관이 된 필자는 깊은 생각에 잠기었다. 훈련도 다 받지 못하고 중도에 갑자기 전투복을 입혀 일선으로 나가라니 무슨 큰 일이라도 났는가 걱정이 되었다. 그러나 깊이 생각에 잠길 여유도 없이 낮에는 공습을 피하고 밤에만 도로 좌우 양쪽 2열종대로 행군에 행군을 거듭하였다. 빨래 비누를 발에 바르고 양말 대신 천으로 된 발싸개로 싸맸으나 발은 온통 물집으로 범벅이 되었다.

몇 날 며칠이 걸려 도착한 곳이 황해도와 경기도 접경에 있는 인민군 군부대였다. 부대는 위장한 방공호 막사와 숲 속의 천막, 골짜기 은폐물을 이용한 시설에 병력들이 수용되어 있었다. 그런데 옆에 있는 동료 군관은 별을 두 개나 더 달았기에 "군관 동무는 어디에서 왔소"라고 물으니 팔로군에서 복무하다 왔다는 것이었다.

또 별을 두 개 단 군관에게 우리 인사나 하자고 하면서 어디에 다니다 왔냐고 물었더니 평양공대 4학년 다니다 군관 학교를 거쳐서 왔다는 것이다. 제법 키가 큰 사람이었다. 그런데 희한한 일이 눈앞에 벌어지는 것이 아닌가.

군부대 전사(병사)나 군관(장교) 모두 다 무기가 없었다. 수류탄, 지뢰 등 아무 것도 없으며 새로 들어오는 신병은 군복조차 없었다. 그러나 군관들에게 매일같이 훈련 실시 명령이 떨어져 훈련은 시켜야 하는 데 아무것도 없으니 그저 말 몇 마디로 훈련을 때우는 시간 보내기 나날만이 속절없이 지나갔다.

식사는 전사와 군관 식당이 따로 있었는데 군관식당은 밥에 매끼마다 포도당(설탕)을 한두 숟갈 얹어 주었다. 남한 같으면 상상이 잘 안 되는 일이다. 더욱 우스운 일은 어느 날 필자가 공병 독립소대 소대장으로 인민군 중위가 되었는데 별이 없어서 달아 줄 수 없다는 것이었다. 그리고 군기나 질서도 전쟁을 할 상태가 아니었다. 더욱 많은 생각을 하며 하루하루를 보내고 있던 10월 상순의 어느 날 밤, 갑자기 정찰대대에 일부 따발총이 공급되고 우리 공병 중대에도 약간의 지뢰가 공급되더니 곧 출동 명령이 떨어진다고 하였다.

무기도 없고 훈련도 안 된 민간인들이나 다름없는 부대를 어떻게 전투에 나가라는 것이냐, 의문이 생기기 시작하였다. 그리고 불안하였다. 고민 끝에 최후의 결심을 했다. 대인 지뢰뇌관을 터뜨려 부상을 당하면 합법적 탈출이 가능하겠다는 판단에 이르러 결행하였다. 부상으로 즉시 야전 병원에서 응급 처치를 받고 방공호 막사에 있던 중 부대가 출동하고 비어있는 사이에 탈출하여 약 10여일을 걸어서 고향 집에 도착할 수 있었다.

나중에 들으니 그 부대는 전투를 위한 것보다 북진하는 한미연합군의 총알받이 부대였던 것이다. 이러한 긴 이야기를 쓰는 이유는 당시 김일성의 너무나도 다급했던 모습을 실상으로 전하고 싶은 심정에서다. 맥아더 장군의 인천 상륙이 성공하자 김일성은 오판의 눈물과 한숨을 쉴 짬도 없이 자기들 후퇴의 시간을 벌기 위한 최후의 발악을 하였던 것이다.

많은 남북한 젊은이들이 김일성의 허망한 야욕에 이름 모를 들과 산에서 이유도 모른 채 죽어야 했고 많은 우리 민족이 남북한에서 억울하게 희생되어야만 했던 그 아픈 기억을 되살려 반드시 전쟁만은 막아보자는 것이 필자의 간절한 속마음이다.

이제 본론인 김일성의 통분을 마무리 해야겠다.

다급해진 김일성은 한미연합군에게 인민군 정예부대 대부분을 잃고 미국 뿐 아니라 유엔군이 반격하리라고 미처 생각하지 못한 바보 같은 무지한 자신을 원망할 사이도 없었다. 오로지 목숨만을 건지기 위하여 1950년 10월 모택동에게 사정하여 중공군을 불러들여 11월부터 유엔군과 중공군의 전쟁이 이 강토에서 벌어져 죄없는 민족의 피가

강을 이루는 대 참상이 3년간이나 계속 되었다. 1953년 7월 27일 전쟁은 휴전이 되어 현재의 휴전선이 경계선 아닌 국경선이 되었지만 김일성의 죄과는 민족의 가슴 속에 영원히 물들어져 있다.

엄청난 전쟁의 참화를 짚어보기로 하자.

한국군과 유엔군은 약 48만의 인명 피해가 있는 반면, 공산측은 150~200만 명의 병력 손실이 있었고 전쟁 기간 중 민간인 희생 400~450만 명으로 당시 남북한 인구를 3천만으로 추산할 때 6~7명 당 한사람 꼴로 피해를 본 것이다. 전쟁 기간 중 70~100만 명의 북한 주민이 자유를 찾아 월남하였고, 30만 명 정도가 의용군으로 징집되거나 납북되었다.

남한에서만 370만 명의 이재민과 10만여 명의 부모 잃은 고아가 생겨났으며 국토의 대부분이 초토화 되었다. 6·25전쟁은 김일성의 붉은 야욕이 빚어낸 동족간의 살육전이었으며 공산주의 이념 앞에 민족이 내동댕이 쳐지는 비참한 현장이었다. 다시는 있어서는 안 되는 민족의 참화와 치욕이었다. 그러나 김일성의 생각은 전혀 달랐으며 오히려 억울하여 통한의 눈물을 삼키고 있었다.

다 이긴 통일전쟁을 그놈의 미국놈들 때문에 망쳤다는

것이다. 역설이지만 김일성으로서는 있을 수 있는 생각인 것이다. 그 후 김일성은 이것이 통분의 한이 되어 대남 전략으로 실현되고 있는 것이다. 미국놈이 얼마나 미웠기에 남녀노소를 막론하고 말을 배우지 못한 어린이에게까지 우리의 원수 미국놈을 가르치고 있다. 그리하여 북한에서는 지금까지도 대를 이어 반미와 미군철수가 제일의 가치이자 사상이 되었다.

2. 김일성의 또 다른 전쟁준비

북한의 각종 강령, 노동당 규약, 4대 군사노선, 김일성 주체사상, 선군정치, 강성대국 건설 등을 고찰해 보면 김일성은 6·25 때의 통한을 잊지 못하고 미군철수만 되면 결정적 시기로 보아 또다시 남조선해방과 적화통일을 이루겠다는 것에 맞추어져 있음을 알 수 있다. 따라서 이번 핵실험도 그 결정적 시기를 만드는 데 결정적 이유가 있다고 생각한다

한편 김일성의 처지에서만 본다면 이해가 될 수도 있다. 예를 들어서 평생소원으로 그렇게도 한번 먹고 싶었던 귀하고 귀한 고기를 구어서 입에 넣어 목구멍을 넘기려던 찰나에 미국 꼬리표가 붙은 가시에 찔려 뱉어 냈다고 하

면 그 가시를 얼마나 원망할 것인가, 과연 잊을 수 있겠는가?

또 한 가지 예를 들면 낚시 밖에 모르는 어느 낚시꾼이 정말로 마음먹고 강에 낚시를 던졌는데 얼마 안 있어 은빛 찬란한 생전 처음 보는 월척이 걸려 올라오는 것이 아닌가? 다 잡았구나 싶어, 고기를 잡아 낚시 바늘을 끄르고 바구니에 담으려는 순간 고기를 놓쳤다고 하면 아마도 낚시꾼은 잡았다 놓친 그 고기를 평생 잊지 못할 것이다.

하물며 낚시꾼도 이럴진대 김일성이 다 잡았다 놓친 남조선해방을 평생 잊겠는가 말이다.

자기 평생에 이루지 못하면 대를 이어서라도 결정적 시기를 만들어 남조선해방을 자기 주머니에 넣으려고 하지 않겠는가, 그 결정적 시기를 핵무기로 풀려는 것이다. 그러나 이것은 남한은 물론 북한 인민과 전체 민족을 위하여 매우 잘못된 생각이다.

보통 사람이라면 평생 한번 먹고 싶었던 고기를 못 먹은 것이 한이 되어 고기를 못 먹게 한 가시를 원망하고 증오하면서 다시 한 번 그 고기를 구하여 이번에는 반드시 그 가시를 확실하게 뽑아버리고 단숨에 먹어보리라 할 수 있다.

일반 사람이라면 낚시터에서 꼭 낚아보고 싶었던 고기를 다 잡았다 놓친 분함과 안타까움을 참고 견딜 수 없어 매일매일 그것도 밤과 낮을 가리지 않고 그 고기를 다시 잡아 보려고 낚시 바늘을 몇 번이고 바꾸어 가면서 죽을 때까지 낚시터를 찾는 것을 한편 이해 할 수도 있겠다. "그 사람 어지간하군"하면서 말이다.

그러나 김일성, 김정일은 일반 사람이 아니다. 북한을 다스리는 수령의 자리에 있는 사람이다. 나라를 잘 다스려 백성들의 삶과 나라의 미래를 열어가고 남북한이 한 민족으로서 평화롭게 오순도순 살아나갈 미래를 위하여, 통일 한국을 위하여 힘쓸 책임이 있는 것이다.

한 번의 잘못된 욕망과 야망으로 그 엄청난 민족의 재앙과 아름다운 삼천리강토를 전쟁으로 초토화시킨 참상에 대하여 역사적 책임을 절실히 통감하고 민족 앞에, 죽은 영령 앞에, 선조들 앞에 무릎 꿇고 사죄해야 하는 것이 마땅한 도리요 순서이다.

보통 사람과 일반 낚시꾼과 같아서야 되겠는가 말이다. 특히 친북세력들은 이러한 김일성 김정일의 참모습을 속속들이 알고 난 후 주체의 나라, 민족공조, 미군철수, 연방제통일을 외쳐도 늦지 않을 것이다.

북한의 기본적인 대남 전략은 6·25전쟁의 실패의 요인을 해결하고, 결정적 시기를 만들어 남조선혁명을 끝내려고 하는 것이다. 김일성의 통분에 대한 분석이 너무나도 방대한 문제이며 북한 문제 전반에 해답을 얻어야 하므로 14장 결론의 첫머리에서 상세하게 다루어 보기로 한다.

우리의 무관심으로 조국 대한민국이 분열되고 혼란에 빠져 김정일이 오판하는 우를 범하지 말아야 한다.

우리는 반드시 김일성 김정일의 남조선해방의 야욕을 접게 하고 국력을 모아 평화통일의 새 지평을 열어가야 한다.

2장 김정일 1인 독재 권좌의 욕망

부질없는 욕심 무엇하리오

한없이 쏟아내는

백성의 눈물

강이 되어 흐를 때

하늘의 노여움

어찌 하겠소

2장
김정일 1인 독재 권좌의 욕망

1. 김정일 시대 개막

김정일은 1994년 7월 8일 아버지인 김일성이 심근경색으로 사망하자 오래 전부터 준비된 후계자로서 북한의 당·정·군 모든 권력을 갖게 되었다. 김정일은 남한에 잘 알려진 국방위원장은 물론 인민군 총사령관 조선노동당 총서기 등 북한의 최고 권력자이다.

김정일의 인간적인 욕망과 정치적인 욕망은 과연 무엇일까?를 안다면 모든 북한 문제와 대남전략 전술과 그의 세계전략까지도 확실하게 진단할 수 있을 것이다. 그러나 김정일에게 전화를 걸어 물어 볼 수도 없고 탈북자들에게 물어보아도 정확하게 모를 것이고, 첩보기관을 통해도 그리 쉽지 않을 것이고, 빠르고 냄새 맡는 데 귀신같다고 하는 기자들에게 물어 보아도 제 각각일 것이다. 대답을 얻기가 아주 힘든 질문이다. 그러나 필자는 이 대답을 하려고 한다.

북한에서 출생하여 젊은 시절 북한체제에서 공부하고

강제였지만 북한군 군관 경험과 6·25 동란 중 KLO 8240 부대에서 수많은 첩보전을 수행하면서 터득한 감각과 대한민국에서 미치도록 그리운 고향을 바라보면서 조국의 통일을 위하여 북한 문제를 연구 관찰한 것이 어언 30년이 되었으니 필자의 한 인간으로서의 정신과 마음을 한곳에 집중하고, 기를 모아 기도하는 마음으로, 북한 문제를 정확히 볼 수 있다는 자신감을 가지고 답을 써 보려고 한다.

김정일을 흔히들 광적인 독재자, 인정사정 없는 철권 통치자, 반대로 위대한 주체의 영도자 등 시각에 따라 감정과 이념에 따라 여러 가지로 평하고 있다.

필자는 단연코 김정일도 우리 민족의 피를 이어받은 한 인간이라는 데서 답의 시원을 얻고자 한다. 김정일의 유년기와 자라난 환경은 그리 평화롭고 정서적이지는 못했지만 성장기를 문제 삼을 정도는 아니었다고 생각한다.

다만 어린 시절에 같이 놀던 동생 슈라가 바로 눈앞에서 연못에 빠져 죽었고 일찍 죽은 친어머니 김정숙을 이어 들어온 계모 김성애와도 그렇게 좋은 관계만은 아니라고 볼 때 성장기는 평화롭고 행복한 것만은 아니었다고 할 수 있겠다.

김정일은 1994년 최고의 막강한 권력자가 되었는데 그

권력이 이 지구상에 존재하는 다른 나라의 권력자와는 비교가 안 되는 1인 독재의 절대권좌이다.

김정일은 가난한 인민을 위해 배고픔을 덜어주고, 인민에게 자유를 주고, 인권을 보장해주고, 그저 평범하게 살 수 있는 민주사회는 고사하고 최소한 공산당이 1당 지배하는 중국과 같은 개혁 개방도 할 수 없는 것이다. 김정일 자기 권좌가 한방에 날아가기 때문이다.

중국을 여러 차례 방문하여 중국의 잘사는 모습과 발전상에 '천지개벽'이라는 감탄사를 내뱉으면서도 개방할 수 없는 것이다. 도리없이 아버지 김일성의 유훈을 받들어 가던 길을 갈 수밖에 없다고 결정한 것이다. 이것은 김일성 사후 지금까지 북한 체제가 오히려 선군정치, 강성대국 건설을 앞세우며 김정일 1인 체제를 더욱 강화 시켜오는 진행과정을 보아도 알 수 있다.

2. 김정일의 인간적 욕망

김정일은 자식으로서 아버지 김일성이 이루어 놓은 권좌를 유지하고 오히려 더욱 공고히 하는 것이 아버지에 대한 아들의 도리이며 보다 중요한 것은 아버지 김일성의 통분의 한을 풀어드리는 것이 절대적인 인간의 도리라고 생각한 것이다. 이것은 아버지 장례식장에서의 모습, 효성을 앞세우는 유훈통치, 김일성 주체사상 공고화 사업 등 여러 군데 전개되는 사실에서 충분히 증명되었다고 본다.

우리 민족과 국민은 그 옛날부터 부모님의 한은 자식이 반드시 풀어드려야 한다는 것이 삶의 기본이요, 도리인 것이다. 배운 사람이든 못 배운 사람이든, 양반이든 상민이든 가리지 않았다. 이것이 인간의 도리요, 더욱이 자식의 도리인 것은 지금 현대 사회에서도 크게 흔들리지 않고 있다. 오히려 부모의 한이 곧 자식의 한이 되어 목숨까지 버리는 것을 도덕성의 상징으로 여기고 지금까지도 사극의 백미를 장식하고 있다.

하물며 김정일은 북한에서 못할 것이 없는 절대 권력자로서 아버지 김일성의 한과 통분을 풀어드리려는 것은 물론 이 한과 통분은 김정일 자기가 품고 있는 욕망하고도 딱 맞아 떨어진 것이다. 바로 남조선해방이다. 따라서 김정일은 6·25 때 아버지 김일성이 다 잡았다 놓친 남조선혁명을 벼랑 끝 아니, 그보다 더한 어려움을 무릅쓰고라도 반드시 완수하려는 것이다.

지금까지 김정일의 욕망을 평범한 한 사람의 처지에서 조명해 보았다. 부모 밑에서 자란 보통 사람이라면 부모가 못 이룬 한을 풀어드리려고 온갖 일을 다하는 것을 그렇게 나쁘다고 하지 않을뿐더러 오히려 칭찬하는 사람이 많을 것이다.

그러나 김정일은 지금 북한이라는 사실상의 한 나라를 다스리는 '친애하는 지도자 동지'인 것이다. 한 나라의 최고의 수장으로서 인민들을 배불리 먹이지는 못할망정 굶기지는 말아야 하고, 인권과 자유까지는 몰라도 최소한 짐승보다는 나은 삶을 책임져야 한다.

그런데 아버지 김일성은 남반부 해방이라는 소위 통일전쟁의 광기를 불과 50여년 전에 부리지 않았는가? 지금은 아들로서 아버지의 잘못을 대신 사죄하고 민족의 장래와 모든 겨레가 그렇게도 염원하는 평화통일을 위하여 일말의 뉘우침과 양심을 지켜야 하는 것이 사람의 도리요, 진짜 광폭정치가 아니겠는가?

그러함에도 아버지 김일성보다 한 술 더 떠서 선군정치, 강성대국, 핵실험, 핵무장으로 이제는 실수 없이 남반부 해방을 하고야 말겠다는 단말마적인 광기는 나쁘다고 하기가 모자라, 안타깝고도 통탄할 일이다. 그래서 또다시 우리 민족과 삼천리금수강산이 완전 잿더미가 되는 그놈의 통일전쟁을 다시 꿈꾸는 것은 정말로 하늘도 노하고 땅도 놀랄 일이다.

김정일이 이런 헛된 망상을 버리게 하기 위하여 4800만 자유 대한의 국민은 물론 이제는 전 7,000만 겨레의 이름으로 응징할 수 있는 힘을 하루속히 모아 돌파구를 찾아야 한다.

우리는 북한의 옷을 벗기고 속을 잘 들여다보고 정확하게 알아야 한다. 우리는 의연하게 우리의 기상을 높이고 국력을 하나로 모아 힘을 가지고 북한을 설득해야 한다. 핵무기 아니라 별 것을 다 가져도 전쟁으로 이길 수 없다는 진리를 반드시 가르쳐야 하겠다. 이를 위해 한 판 승부도 마다하지 않아야 한다.

핵무기에도 약점이 있다. 1945년 일본에서 처음 사용한 이후 긴 냉전 터널을 지나오면서 미·소가 막강한 핵무장을 하였음에도 정면충돌을 피할 수 있었고 이스라엘이 핵무장을 하였음에도 쓰지 않는 것이 아니라 못쓰고 있는 것이다.

핵무기는 한방에 상대를 몰살시킬 수 있지만 자기도 결국 핵 보복으로 자취 없이 사라지고 마는 것이다.

속된 표현으로 전쟁이 너 죽고 나 죽자로 시작하는 전쟁은 없다. 너 죽고 나 살 수 있을 경우 전쟁이 일어날 수 있고 더욱이 너 살고 나 죽는 조건에서는 전쟁이 일어나지 않는다. 우리는 첫 번째 경우일 것으로 보아 아무리 김정일이 광분한다 하더라도 최악의 핵전쟁은 피할 수 있을 것이다.

전쟁은 피한다고 막아지는 것이 아니라 전쟁은 일어나지 않도록 하여야 막을 수 있다. 전쟁을 각오했을 때 오히려 전쟁은 막아지는 것이다.

핵무장한 북한은 미국을 정치, 외교적으로 압박할 수 있을 것이며, 군사적으로는 남한을 겨냥하고 있다. 한미연합군을 상대로 한 전쟁에서도 이길 수 있다는 자신감으로 앞으로 한반도에 전운을 감돌게 할 것이다. 그러면서 주한미군철수가 곧 한반도의 평화라고 정치, 군사적 역공을 펼칠 것이다. 이것이 한반도에서 전개될 위기의 본질이다.

그리하여 김정일은 아버지 김일성의 통분의 한을 풀어드리면서 김정일 자신의 욕망을 달성해보려는 환상의 시동이 본격적으로 걸렸다고 보겠다.

3. 김정일의 정치적 욕망

김정일의 정치적인 욕망은 또 무엇일까에 답하고자 한다. 우선 북한 내부에서의 절대 권좌 유지와 남조선해방의 결정적 시기를 만들기 위한 정치 공작일 것이다. 인민민주주의혁명 전략에 의한 남한 내 통일 전선을 전 국민적으로 확산시켜 북한이 직접 나서지 않고 남한에서 북한의 제2전선을 구축하여 미군을 철수시켜 결정적 시기를 만든다는 것이다. 이것은 베트남에서도 월맹이 성공한 정치 군사적 전술이기도 하다. 김정일은 왜 노동당을 제치고 인민군대를 앞세워 선군정치와 강성대국 건설을 채택하였을까? 이것은 북한문제와 핵실험 사태의 원인을 진단하는데 핵심적 요소이다.

김정일이 아무리 아버지 김일성의 권력을 통째로 넘겨받았다 하더라도 아들이 아버지가 될 수 없듯이 아버지 김일성의 살아있는 신의 권위마저 그대로 넘겨받지는 못한 것이다. 잘하고 잘못하고, 강하고 약하고, 잘생기고 못생기고의 문제가 아니라 아버지와 아들은 혈연으로 이어지지만 성격과 사고와 인격과 체질 자체가 다른 인간이기 때문이다. 아버지 김일성이 신이었다면 김정일은 신을 모시는 아들이지, 아버지를 따라서 같은 신이 될 수는 없는 것이다.

따라서 조선노동당은 아버지 김일성의 주체사상으로 존재하였고, 유지되고 지속되고 있는 것이다. 이 기본적 체계가 무너지면 조선노동당의 존립기반이 무너지고 북한 정권 자체가 흔들린다.

김일성 주체사상을 김정일 주체사상으로 이름을 바꾸는 것은 불가능하다. 글자 하나 고치지 않고 조선노동당은 김일성 시대의 때와 혼이 묻어있는 그대로 유지될 때 김정일의 권좌도 유지될 수 있다. 따라서 김정일로서는 아버지 김일성 사상을 계승 강화시킬 수는 있으되 변경시킬 수는 없다.

변경 수정한다 하더라도 아버지 김일성 이름으로만 가능하다는 결론이므로 김정일로서는 노동당을 통한 절대권력 유지에는 한계가 있다고 해야 할 것이다.

조선노동당 규약 제7장 조선인민군대 내 당조직 제46조에 "조선인민군은 항일 무장투쟁의 령광스러운 혁명전통을 계승한 조선로동당의 혁명적 무장력이다"고 규정됨으로서 인민군은 조선노동당의 정책, 전략에 따라 움직이게 되어 있다.

그럼에도 불구하고 김정일은 노동당을 제치고 이민군대로 강성대국을 건설하겠다는 것은 조선노동당에서의 김정일의 한계를 선군정치로 해결해 보자는 고도의 전략과 전술인 것이다. 왜냐하면 아버지 김일성 시대에서 김정일 시대로 넘어오면서 아버지가 못 이룬 한을 이루기 위해서 더욱 강력한 카리스마와 체제가 절대로 필요한데, 방법은 단 하나, 인민군을 이용할 수밖에 없다고 생각한 것이다.

한편 김정일은 아버지 김일성 주체사상과 전통을 일사불란하게 받들어 뫼시는 유훈통치를 내세워 지극한 효성과 도덕성을 부각시키고 조선노동당 총서기의 세습권좌를 확고히 한다는 계략이다. 다시 말하면 유훈통치가 조선노동당을 완전히 장악하는 비밀 병기인 것이다.

인민군대는 성격이 다르다. 노동당은 아버지의 당을 대를 잇는 입장이지만, 인민군대는 대를 잇는 것이 아니라 곧바로 김정일에게 충성하는 김정일의 군대를 만들어야 한다는 것이다.

아버지에게 충성한 군대이니 아버지를 생각하여 아들인 김정일 나에게도 변함없이 충성을 받치겠지 하고 있을 김정일이 아니다. 김정일의 1인 독재권좌가 막강하다면 불안 또한 항상 도사리고 있는 것이다.

따라서 김일성 군대를 김정일의 군대로 만들어야 하는 것이다. 그렇다면 김정일로서는 인민군대의 성격과 위상을 획기적으로 바꿔야 하는데 군대가 최고인 나라 즉, 선군정치 밖에는 없는 것이다.

이렇게 볼 때 선군정치는 당연한 귀결점을 찾았으며 따라서 군대를 앞세우고 정치하려고 한다면 달라진 국가 위상을 제시해야 격을 맞출 수 있음으로 강성대국이 자연 등장하게 되는 것이다. 즉 인민군대로 강성대국 만들어 남반부통일하자는 고도의 정치·군사 전략이라고 하겠다.

김정일은 직접 강한 군대를 만들어 더욱 강한 나라를 만들자고 해야 새로운 시대를 열어 가는 명분이 세워진다고 믿고 있는 것이다. 나아가 한미연합군도 두려워하지 않아도 되는 핵무장을 하였을 때 김정일 자신의 1인 독재권좌도 공고히 할 수 있으며, 따라서 아버지 김일성의 한을 풀어드리면서 자신의 정치적 욕망이기도 한 남반부 해방을 꿈꿀 수 있게 되는 것이다.

반면 선군정치, 강성대국 건설에는 김정일과 그 추종세력에게는 훌륭한 목표가 될 수 있을지는 모르나, 한반도의 미래와 평화를 사랑하는 우리 7천만 민족을 상대로 군대를 앞세워 정치를 하고 군대를 가지고 통일을 하겠다는 무력정치, 무력통일은 독재자의 헛된 망상으로 전 민족적으로 응징되어야 한다.

그러나 김정일은 선군정치 말고는 앞이 보이지 않는 절벽뿐이다. 아무리 악을 써 봐도 희망과 대책이 없는 것이다. 인민군대와 노동당은 지금처럼 끌고 간다 하더라도 2,300만 인민들에게는 잘사는 것은 미루더라도 굶기지 않고 먹여는 줘야 하는데 세 끼는 고사하고 두 끼도 어려우니 당장의 큰 문제이다.

해마다 부족한 200만 톤의 식량을 중국과 남한에서 그리고 국제구호단체에서 절반인 100만 톤을 해결한다고 하더라도 기초적으로 먹는 것이 해결 안 되는 인민들 가슴 속에서는 '위대한 김정일 장군님' 소리가 나오질 않고 겉으로만 내 뱉을 수밖에 없는 것이 북한의 실정이다. '친애하는 김정일 동지'라는 칭호는 밥을 먹을 수 있는 당 간부나, 인민군 간부들만의 관심사일 수밖에 없다.

더더욱 이러한 사정이 나아질 기미가 보이지 않는다는데 문제가 있다. 그렇다고 농사를 생산성이 오르는 개인농으로 바꿀 수도 없고, 공장을 돌려 수출하자니 전기가 없고, 기계도 고철이 되었고, 무역을 하자니 공산권이 무너져 수출길이 막혀있고 도무지 경제 회생은 귀신을 모셔다 굿을 해도 해결될 리가 없다.

더 큰일인 것은 2006년 10월 14일 유엔 안보리에서 대북 제재 결의안 1718호가 통과되어 북한은 더 고립되어 숨쉬기조차 어렵게 되었으니 선군정치 하나만으로 김정일의 권좌를 지키기에는 첩첩산중일 수밖에 없다.

그러나 김정일은 버틸 것이다. 설사 고난의 행군이 시작되어 인민들이 굶어 죽어도 인민군대와 당원들이 건재하는 한 끝까지 흔들리지 않을 것이다. 그것은 벌써 지난 대홍수 때 300만 명가량의 아사자가 생겨도 견디어 낸 잘 단련된 경험이 있기 때문이다. 한편 김정일은 포위망을 뚫기 위하여 강력한 대남전술로 몰아붙일 것이다.

북한은 이미 남한을 알 만큼 알고 있기에 6·15 남북공동선언과 민족공조를 더욱 강하게 밀어 붙이고 핵무장의 위력을 과시하며 남한 사회를 혼란에 빠뜨리려고 할 것이다. 우리는 김정일 한 사람을 위한 독재자의 욕망을 알지 않았는가? 이제는 속지 말아야 한다. 우리 7천만 전 민족이 김정일 한 사람에게 농락당하여 노예가 될 수는 없지 않는가?

우리는 조국 수호의 새로운 결의를 다져 한·미 공조를 배경으로 슬기롭게 대처하여 이번 기회에 남한 내에 북한의 제2전선을 막는다면 새로운 남북시대의 지평을 열어가는 계기도 마련할 수 있다고 본다. 슬기롭게 대처한다는 것은 막연한 구호로 되는 것이 아니다. 우리 정부는 북한과의 관계에서 당당하고 눈치를 보지 말아야 한다. 빌미를 주지 말아야 한다. 우리 국민들도 이제는 북한과 김정일을 정확히 알아야 한다. 설마는 반드시 화를 부르게 되어 있다.

또한 미국을 알아야 한다. 중국과 러시아도 알아야 한다. 확실하게 알고 지지든 반대든 해야 한다. 무조건 반미, 민족공조의 유행가를 따라 부르는 것이 진보가 아니다. 지금은 친북세력으로부터 우리를 지켜야 한다. 우리 국민이 힘을 모아 정부를 돕고 정부는 국민의 뜻을 받들어 국력을 모아 김정일의 야욕을 잠재우고 대한민국을 구하고 지켜야 한다.

특히 정부와 전문기관들은 북한 김정일의 속셈을 용기있게 국민에게 알려야 한다. 국민은 이념과 분열과 갈등을 오로지 자유와 조국을 수호한다는 순수한 주인정신과 민족정신으로 화합을 이루어야 한다. 이 난국을 반드시 극복한다는 혼을 담은 자기노력만이 유일한 지혜라고 하겠다. 이것이 '우리조국 대한민국 수호의 길이다'는 명답으로 마음을 모아야 하겠다.

3장 김정일 체제 유지의 절대조건

사회주의 빙자 대어
백성들 쥐어짜니
금방석 앉은 옥좌
영원할까 싶을 소냐
언젠가 무너지면
벼랑이 따로 없네
지난 세월 돌아 보며
앞 일이나 점쳐 보지...

3장
김정일 체제 유지의 절대조건

1. 독재체제의 조건

지금과 같은 김정일의 1인 독재체제를 유지하는 데, 이제는 말로써가 아니라 인민군대와 조선노동당은 물론 지쳐서 무너져 내리는 인민들에게 무언가 실감나게 희망을 보여주어야 한다.

이런 처지에서 핵실험과 핵무장으로 실제 적을 "한방에 까부술 수 있다"는 위대한 공포의 김정일 장군이 필요한 것이며 지금과 같은 '친애하는 지도자동지'로서는 김정일의 절대권좌가 흔들리고 위태로울 수 있다.

김정일은 체제유지의 절대조건을 공고히 하고 독재권좌를 철옹성으로 만들기 위해서는 핵무장한 인민군대를 앞세워 선군정치를 더욱 강화시켜 미 제국주의자들을 물리치고 남조선해방을 완수하자고 외칠 수밖에 없는 것이다. 따라서 선군정치를 강화시켜 나아가야 하는데 현재 북한의 경제가 매우 어려운 상태이다. 남한처럼 수출이다 수

입이다 하는 무역도 주체경제 때문에 할 수 없고 공장은 제대로 돌아가지 않고, 협동농장은 주체농법으로 생산량이 오르지 않으니 식량은 모자라서 인민들은 굶는지가 오래전부터의 이야기가 되었다.

이러한 경제적 파탄상태에서 핵무장을 하여 기세를 올리고는 있으나 김정일 독재 체제의 조건은 이미 내부적으로 흔들리고 있는 것이 사실이다.

2. 정치체제의 비교분석

여기서 살펴보기로 하자. 자본주의니 사회주의니 공산주의니 하는 것을 딱 부러지게 한마디로 설명해보자.

자본주의는 기회의 균등이다. 사회주의는 분배의 균등이다. 공산주의는 욕구에 의한 분배이다.

자본주의의 기회의 균등은 국민 각 개인에게 균등한 기회를 제공하고 보장하여 그 개인의 능력을 극대화하여 경쟁함으로써 삶의 가치를 창출하여 국가를 형성하고 발전시킨다는 체제이다.

다시 말하여 국민 구성원 각 개인의 자유 활동을 보장하여 그 경쟁력이 만들어내는 동력과 에너지로 국가를 발전시켜 나가는 전략에 근거한 것이다. 즉 기회균등과 경쟁의 논리인 것이다.

사회주의의 분배의 균등 논리는 모든 생산수단을 사회적 소유로 하여 공동 생산하며, 그 분배를 균일하게 하여 평등사회를 이룬다는 논리이고 이념이다. 말은 틀리는 말이 아니다. 다만 인간이 아닌 로봇이나 생명이 없는 사고(思考)할 수 없는 기계라면 합당한 논리라 하겠다.

다 같이 평등하게 살자는 데는 공감하겠으나 다 같이 일하여 많은 소득을 올리자는 데 경쟁이 존재할 수 없는 것이다. 다 같이 시키는 대로 일하면 되지 내가 특별히 많은 분배를 받을 것도 아닌데 더 많이 일할 필요가 있느냐는 것이다.

더 설명할 필요도 없이 다 같은 분배는 좋은 말인데, 다 같이 경쟁하며 열심히 일하여 개인이 경쟁하는 자본주의처럼 소득을 올리지는 못하며, 더욱이 자본주의 개인경쟁체제보다 소득을 더 올리는 것은 그 원인부터 잘못되어 불가능한 것이다.

때문에 이 지구상에 분배균등의 이상적인 이념으로 시작되었던 소비에트사회주의연방공화국(소련)을 비롯한 모든 사회주의 국가가 막을 내렸거나 내리고 있다.

공산주의의 욕구에 의한 분배는 칼 맑스에 의한 정치이론으로서 사회발전 5단계설을 펴면서 공산주의 사회에 이르면 모든 사람들이 자기 욕구대로 분배 받을 수 있다는 논리인데 이는 사회주의 단계를 완전 성공한 다음 이루어진다고 하였으니, 사회주의 단계에서 무너지고 있는 현시점에서는 더 설명하는 것이 부질없는 낭비이므로 이 정도로 줄이겠다. 한 마디로 환상의 극치요, 몽류병자의 넋두리라고 할 수 있겠다.

3. 김정일 체제와 사회주의

북한의 체제를 어떻게 보아야 할 것인가?

위에서와 같이 명쾌하게 정리한 근거를 가지고 북한을 고찰해 보자. 그렇다면 지금의 북한은 사회주의 국가인가? 북한은 맑스, 레닌의 사회주의 공산주의 이념을 받드는 정통 사회주의 국가라고 노동당 규약과 사회주의헌법에서 설명하며 사회주의 지상 낙원이라고 선전하고 있다.

북한 국호도 조선민주주의인민공화국이라 하여 민주주의의 인민을 위한 독재가 아닌 공화국이라 하였다. 한마디로 말하여, 북한은 사회주의 국가도 아니고 민주주의 국가도 아니고 인민을 위한 공화국도 아니다. 북한의 헌법 서문 끝말에 조선민주주의인민공화국 헌법은 '김일성 헌법이다'로 되어있다.

조선노동당 규약 전문에는 "오직 위대한 수령 김일성 동지의 주체사상, 혁명사상에 의해서 지도된다"라고 되어있다. 철저하게 완전하게 북한은 김일성의 당과 김일성의 법에 의하여 지배 통치되는 나라이고 그 대를 이은 김정일의 나라이다.

이것은 부정할 수 없는 북한의 현실이다. 따라서 지금도 김정일 개인을 위한 김정일 개인 소유의 나라라고 정의하는 것이 무리 없는 바른 말일 것이다.

따라서 핵무기도 김정일 개인의 의사에 의하여 좌지우지 될 수 있다는 데 큰 문제가 있다. 다시 말해서 한반도와 우리 7천만 민족의 운명이 김정일 개인의사에 따라서 평화냐, 재앙이냐가 결정된다는 것이 심히 불안한 것이고 북한 체제에서는 우리 대한민국과 같이 의회와 국민과 법원과 언론의 견제를 받지 않는 사실상 4권을 한 손에 쥐고 있는 김정일이기 때문이다.

흔들리는 김정일 1인 체제를 짚어보기로 하자.

그런데 지금의 북한은 김정일 소유권이 흔들리고 있다. 북한의 인민군대도 고급군관과 하급군관(장교), 하급군관과 사병의 간극이 너무 벌어져 있으며 인민들의 생활에서도 사치와 빈곤의 차이로 양극화 되어 있고 인권과 자유에 있어서도 인간과 동물의 차이를 연상시키고 있다. 그리고 군부대 간에도 많은 차이와 차별이 일어나고 있다. 단적으로 일반부대와 전방부대, 전방부대와 특수부대와의 차이 또한 일체감을 찾아 볼 수 없는 현격한 차이가 심한 갈등의 요소로 등장하고 있다.

조선노동당도 중앙당과 지방당, 간부와 비 간부와의 갈등으로 예전 같지만은 아닌 것이 눈에 띄어진다. 거기에다 김정일의 선군정치로 인민군대는 조선노동당의 혁명적 무장력이라는 절대 불가침의 성격과 정의가 사실상 물 건너간 시점에서 모든 것이 당이 지배하던 김일성 시대의 꿈은 사라지고 있는 것이다.

다시 말해서, 북한의 권력 구조가 노동당에서 인민군대로 헤게모니가 넘어간 것이다. 김정일의 국가 목표인 강성대국 건설도 노동당이 아닌 인민군대가 주도하면서 선두로 나서고 있다.

권력은 인민군대 차지가 되어 선군정치와 강성대국 건설은 절대 불가침의 정치철학이 되었으며 인민군대는 김정일의 선군정치로 강성대국 건설을 지향해 나가는 김정일의 사병(私兵)으로써 막강한 지위를 갖게 되어 노동당과 인민군대 간의 보이지 않는 갈등은 불안 요인이 될 수 있다.

물론, 김정일이 조선인민군 총사령관과 국방위원장, 그리고 조선노동당 총서기를 겸하고 있으니 겉으로는 조용하게 보이나 절대 권력의 속성상 잠재적 갈등의 표출이 사실상 큰 걱정거리임에는 부정할 수 없다.

4. 독재체제의 붕괴징후

북한은 지금 조선노동당과 인민군대를 떠받쳐야 할 인민경제가 앞서 지적한 사회주의의 구조적 모순의 함정에 빠져 전혀 소생할 기미가 보이지 않고 있다는 것이 기초적인 국가 불안과 김정일 권좌의 불안으로 확산되고 있는 것이 현실이다.

여기에 견디다 못한 탈북자가 해마다 몇 배로 늘어만 가고 북한이 꽁꽁 숨겨놓은 국가급 정보들마저 속속 노출되고 폭로되고 있다. 요덕스토리라는 연극이 한국을 지나 미국에까지 공연되고 있는 실정이다. 전 세계에 급속도로 북한이 감추고 싶어 하는 정치범 수용소의 참상, 인민군대의 실상까지 마구 폭로되고 있고, 전파를 타고 전 세계에 공개되고 있다.

심지어, 공개처형과 고문현장이 동영상으로 방영되는 처지에서 이제 북한은 어떤 체제이고 어떤 나라이고 어떤 만행과 비인륜적인 범죄가 벌어지고 있는가에 대하여 관심 있는 모든 세계 사람들이 눈으로 보고 귀로 듣게 된 것이다.

심지어 김정일 안 방 깊은 곳에 있는 사생활이 낱낱이 공개되는 정도이다. 김정일의 개인 요리사였던 일본인 후지모토 겐지는 김정일 냉장고에는 1만 병의 세계최고 와인이 가득 차 있고 560만원짜리 샤또라뚜르라는 프랑스산 와인이 즐비하다고 증언하고 있으니 숨이 막히고 기가 찰 일이다. 김정일은 프랑스산 고급 꼬냑과 와인을 즐겨 마시며 일본식 스시를 즐겨먹고 신선한 바닷가재와 철갑상어를 요리로 만들어 먹는다고 한다.

그런데 인민들은 굶주려 신음하고 세 끼 밥에 목숨을 걸어도 해결할 길이 없어 하나 밖에 없는 생명을 던져서 두만강을 건너고 있다. 그래도 내가 태어난 정든 고향을 말이다.

한국이나 미국으로 넘어 온 탈북자들은 하늘이 돕고 별이 도와 기적과 천운으로 생명을 건진 사람들이며, 아직도 많은 탈북자들이 중국과 동남아를 떠돌고 있다. 자유를 찾아 남으로 오기 위한 10만 명이 넘는다는 탈북자들은 언제 꺼질지도 모를 생명 하나를 잇기 위하여 모든 것을 내던지고 짐승보다도 못한 구렁텅이에 빠져 헤매고 있다는 소식은 우리 국민 모두가 아는 오래된 이야기이다.

이 정도면 김정일도 120만의 인민군대가 있어도 노동당 간부들이 에워싸고 있어도 총을 든 경호원들이 밤낮으로 싸고 있어도 불안할 것이고 1인 독재권좌도 흔들린다고 보는 것이 상식의 평가일 것이다.

게다가 공장의 70%는 멈추어 섰고, 돈도 궁하고, 기름도 모자라고, 전기도 모자라고, 중국과 남한이 없다면 김정일은 벌써 무슨 문제가 생기고도 남았을 것이다. 그런데 우리 남한에 대해서 고맙다는 인사는 체면상 못 할 망정 선군정치로 덕을 보고 있으니 고마운 줄 알라고 오히려 큰소리 치고 있으니, 우리 국민들은 아마도 어리둥절하여 서 있기가 힘들 것이다.

그런데 이런 말을 듣고서도 누구도 따끔하게 혼내주는 것을 볼 수 없으니 정부는 그렇다 치더라도 우리 국민들도 이제는 지치고 질려서 일일이 대꾸하기조차 힘들고 어이없어 귀로 흘리며 포기상태인 듯하다.

그러나 우리는 북한의 이런 언어도단인 말과 행동에는 단호한 목소리로 경고하고 바른 생각을 가지도록 쐐기를 박으며 우리의 위치를 지키고 권위를 잃지 않아야 하겠다.

이러한 북한의 적반하장식의 폭언과 막가파식 행동에 무관심으로 일관한다면 오만과 오판의 빌미가 되어 위기를 불러올 수도 있다. 우리는 북한을 상대로 양보는 하되, 밀리지는 말아야 하고, 점잖게 말하되, 말의 힘을 잃지 않아야하고, 불바다를 만들겠다고 하는데 전쟁에 벌벌 떠는 모습을 결코 보여서는 안 된다. 전쟁을 막을 준비가 되어있는 결연한 의지를 보여줌으로서 전쟁 자체를 막아야 한다.

김정일은 북한이 흔들리고 불안이 싹트고 있는 것을 일시에 잠재우고 해결할 수 있는 비책이 절대로 필요한 것이다. 그리하여 김일성 세습체제인 김정일 독재권좌 유지의 절대조건을 오히려 강화하기 위해 요술이 필요한데 이것이 선군정치에다 핵무기의 모자를 씌우는 것이다.

그리하여 적을 한 방에 날릴 수 있다는 것을 말로써가 아니라 눈앞에 펼쳐 보여야 하기에 핵실험을 서두른 것이다. 김일성, 김정일은 여기까지 오는데 어려움도 많았으나 지금은 성공하였다고 축배를 들고 있다. 그러나 축배를 들기에는 아직 이르다고 생각한다.

김정일은 자꾸자꾸 막다른 골목으로 다가가고 있다. 이제는 핵무기를 만들었으니 적을 굴복시키는 효과를 보여줘야 하는데, 김정일에게 백기를 들고 나올 상대가 중국일까요, 러시아일까요, 일본일까요, 모두 아니라면 미국이나 한국일 수밖에 없는데 앞서 지적한데로 북한이 핵 몇개로 미국을 굴복시킬 수는 없으니 그렇다면 남한일 수밖에 없다.

남한도 한미동맹과 한미연합사로 꽁꽁 묶어 막강한 군

사력으로 대응하고 있으니 군사적으로는 북한핵도 우리가 하기에 따라 별 효과를 얻지 못할 것이다. 핵무기는 군사무기임에 틀림없지만 정치무기라고도 할 수 있다. 한방으로 날려 보낼 수 있는 핵무기를 앞세워 정치적 선동과 공갈과 도발을 병행할 수 있다.

남한에는 친북세력을 앞세워 미군만 나가면 동족끼리 핵을 쓸 수 있겠느냐 하는 흡수력 있는 구호로 남한을 흔들어 미군철수 까지를 이끌어내는 핵무기의 정치성을 십분 이용하려 들 것이다.

미군철수가 된다면 평화협정으로 종이쪽지 위에 평화를 위장 담보하고 결정적 시기에 남한을 점령한다는 전략이 김정일 체제 유지의 절대 조건이다. 그러나 이것은 미국과 한국을 이간시켜 혼란이 일어나고 한미동맹에 금이 가서 미군이 철수 했을 때의 이야기이다.

우리 국민이 북한의 핵무기를 앞세운 남조선혁명 세력을 한미의 공고한 연합체제로 물리쳤을 때에는 상황이 정반대로 진행되어 김정일은 막다른 골목으로 한발 더 빠져들게 될 것이다. 핵무기를 가지고도 별로 달라지는 것이 없을 때에는 지금처럼 '위대한 김정일 장군'으로 받들 인민이나 인민군이 자꾸 줄어만 갈 수 있기 때문이다.

따라서 우리 국민과 정부가 한미연합사와 한미공조로 유엔과 더불어 의연하게 조국 수호의 확고한 의지로 대처한다면 김정일의 핵불장난은 꺼지고 말 것이며 오히려 평화통일의 희망을 열어가는 길이 열릴 수도 있다.

김정일 체제는 오히려 핵무기를 가짐으로서 최후를 맞는 길로 접어들 것이라는 데 필자의 확신이 모아진다. 비록 난국을 돌파 하겠다는 우리 국민의 하나된 목소리를 전제한 결론이지만, 북한 김정일의 운명도 종말을 향해 달리고 있는 것이 틀림없다 하겠다.

4장 김정일과 조선인민군

총칼로 이룬 세상

흥하지 않을지니

화평세월

앞을 보며

남북화해

이룰지고...

4장
김정일과 조선인민군

1. 인민군대의 조직과 무장

북한은 총병력 120만 명을 가진 세계 제5위의 군사 대국이며 예비 병력을 포함하면 750만 명의 군인으로 인구 1인당 병력면에서는 이 지구상에서 가장 군사화된 나라이다.

앞서 북한 인민군대의 성격 등에 대하여 개략적으로 설명됐기 때문에 여기에서는 인민군대의 실체를 벗겨 볼까 한다. 왜 김정일이 모든 것을 버려도 인민군대 하나만 있으면 무엇이든 해결할 수 있다고 믿는가?

굶주리는 북한 인민들에게도, 미국이란 대국을 향해서도, 남한을 상대해서도, 인민군대만 있으면 모두 해결된다고 장담하고 있다. 이번 핵실험은 중국과 러시아의 만류도 통하지 않고, 미국의 경고에는 오히려 맞받아치며 대들고, 남한의 설득은 들은 척도 하지 않으며 대량 파괴와 인명살상무기로 무장하고 있는 김정일의 깊은 속마음을 꼭 알아내야만 하겠다.

김정일은 다른 것으로는 자기의 권좌를 지킬 수 없다고 판단하고 노동당을 제치고 선두에 인민군대를 등장시킬 수밖에 없는 사정을 앞서 짚어 보았다. 모든 것을 인민군대식으로 밀고 나가며 북한 내의 통치는 물론 대외전략도 인민군대를 앞세워 세계가 두려워하는 강성대국을 만들겠다는 것이 김정일의 선군정치와 강성대국 정치이다.

이제 다른 선택으로는 승부를 걸 수 없게 된 김정일은 북한 인민들에게 굶더라도 참고 이기자. 끝까지 고난의 행군에서 살아만 남으면 우리가 장담코 미국도 남한도 이겨서 우리 세상 만들어 잘 살 수 있으니 잔소리 말고 참고 이겨내자는 것이다. 그리고 외국지원 특히 남한의 지원은 위대한 김정일 장군님을 우러러 모시기 위하여 바치는 조공쯤으로 선전하며 얻어먹으면서도 기고만장이다. 이 말이 상당부분 북한에서 통하고 있으니 알다가도 모를 희한한 나라이다.

하기야 외부의 담을 높이고 문을 꽁꽁 잠그고 김정일 교시 이외에 다른 말을 들으면 당장 요절을 내는 무시무시한 공포사회이니 김정일의 무슨 말인들 들어야 하고, 외워야 하고, 찬양해야 하고 김정일의 모든 말이 곧 법이니 어찌할 도리가 없을 것이다.

필자는 금강산 관광이 개시 될 당시인 1998년 현대의 초청으로 봉래호를 타고 금강산을 다녀왔다. 그 때 고성군 인민위원회 소속으로 안내하는(감시원) 김씨(35~40세가량)라는 사람과 이야기할 수 있는 기회가 있었다.

그 김씨는 "우리 친애하는 위대한 장군님께서 미사일을 한 방 쏘니끼니 미국놈이 깜짝 놀라 식량이랑 별거 다 갖다 바치며 사정하지 않캈소. 남조선에서도 다 알고 있디오?"하는 말을 거리낌 없이 하는 것을 보고 필자는 "북조선 인민들이 모두다 그렇게 생각합니까?"라고 물으니 "다 똑같이 생각하고 우리들은 매일 학습도 받습네다"고 대답하였다.

그렇다면 "김씨는 노동당 당원이겠네요?"라고 물으니 여기 나와 있는 안내원들은 모두 노동당 고성군당 소속당원이라고 하였다. 필자는 질문을 또 던졌다. "북한에서는 인민들이 밥 세 끼를 먹습니까?"하니 김씨는 "세 끼는 몰라도 두 끼는 먹습네다" 필자는 "그 두 끼는 모두 밥을 먹습니까?"

김씨는 "위대한 김정일 장군님께서도 하루 한 끼를 죽으로 드시는데 우리는 죽을 먹어도 행복하디요." 그리고 김씨는 계속 말하였다. "저 말 이야요, 세계 닌민들이 모두 다 위대한 김일성 수령님을 태양처럼 존경하고 받들고 있는데 물론 남조선에서도 다 그렇게 생각하시갔디오? 거럼 거럼"하는 것이었다. 어이가 없어 할 말을 잃고 김씨와의 대화를 끝냈다.

이것이 북한 사회의 한 단면이지 싶어 소개하였다. 완전히 외부 세계를 잠그고 닫아 버린 북한에서는 무슨 말을 하든지 김정일의 말이면 그대로 통하게 되어 있는 곳이라고 생각하니 가슴이 답답하게 차올랐다.

우리 대한민국 감각으로는 처음에는 낯설고 다소 유치하게 들리는 선군정치, 강성대국 같은 말도 북한에서는 오히려 위대한 희망의 구호로 들리는 것이다. 우리 같으면 군사독재, 군벌국가라 하며 난리가 났을 텐데 말이다. 선군정치를 하여 강성대국을 건설한다는 인민군대 이야기를 본격적으로 하여보자.

조선인민군은 막강한 육군위주의 군대라고 하겠다.

육군 - 북한의 지상군은 1개의 전차군단, 4개의 기계화군단, 12개의 정규군단, 2개의 포병군단, 1개의 평양방어사령부로 조직되어 있으며, 도합 95만의 강력한 조직화된 육군을 가지고 있다.

북한은 12만 명의 세계 제일의 특수부대를 보유하고 있으며, 유사시 동시에 1만 명을 이동시킬 수 있는 항공기를 가지고 있다. 북한은 현재 4,100대에 달하는 T-34/85, T-54/55, T-62, PT-76 등 2,800대의 전차와 장갑차, 3,500대의 견인포, 4,500대의 자주포, 2,600기의 이동식 로켓발사대, 8,000여기의 박격포, 9,000여기의 대전차 로켓 발사관, 8,000여기의 휴대용 대전차 미사일 등 대부분의 전력이 비무장지대에 근접 배치되어 있다.

공군 - 3개 항공전단의 활주로와 격납고 같은 주요 시설들은 대개 지하화되었으며, 조정사들의 실전 경험을 위해 지난 베트남 전쟁 당시 200명의 전투기 조정사를 파견했으며 하노이 방어전에서 상당한 전과를 올렸던 것으로 알려져 있다. 북한공군은 현재 8만 5,000명의 병력과 700대의 방공 및 공격용 전투기를 보유하고 있다.

해군 - 북한 해군은 4만 6,000명의 병력과 해군사령부 예하 동·서해 함대로 나뉘어져 있으며 서해함대사령부에 6개 전대 동해함대사령부에 10개 전대가 편성되어 총 16개 전대가 배치되어 있다.

북한해군이 보유한 함정과 잠수함의 대부분은 요새화된 기지에 배치되어 있다. 북한은 26척의 러시아제 로미오급 잠수함과 위스키급 잠수함을 비롯해 기뢰부설 특수부대 등 65척의 소형 잠수함을 가지고 있다.

국토의 요새화 - 북한은 1962년 4대 군사노선으로(전인민의 무장화, 전군의 현대화, 전군의 간부화, 전국토의 요새화) 전국토를 군사체제화 시켰다. 북한은 전국토가 요새화된 국가로 총연장 600km에 달하는 터널과 8,000개소의 지하벙커를 확보하고 남한을 겨냥한 미사일, 핵시설, 전투기 등 대부분의 전력이 비무장지대에 근접 배치되어 있다. 한편, 지하화 된 군사시설은 미국이 보유한 '벙커 버스터'의 공격에도 견딜 수 있는 것으로 알려졌다.

대량파괴무기(WMD) - 북한은 연평균 100여기의 미사일을 생산할 수 있는 능력을 보유하고 있다. 현재 북한은 1,000여기의 화성-5/6 미사일을 비롯해 개량형 노동1호 미사일과 핵탄두 장착이 가능한 대포동 미사일 100여기를 지하에 은닉 배치하고 있다. 북한은 수년 내에 사정거리 5,000~12,000km에 달하는 대포동 2호와 노동3호 미사일 같은 대륙간 탄도미사일의 개발을 완료해 실질적인 전략적 억지력을 확보할 것으로 여겨진다.

화학무기와 생물무기 - 생물무기(세균탄)와 화학무기(독가스탄)는 기본적으로 전선의 군인을 목표로 하지만 민간의 대량살상을 목적으로 한 가공할 무기이다. 전선 후방에 민간을 상대하여 생화학무기를 사용함으로써 일시에 혼란을 야기하여 교란하고 국가 사회의 전반의 기능을 마비시키는 거와 때를 맞추어 전선을 돌파하는 전략적 무기이다. 그리고 생화학무기는 대량인명살상무기임에도 핵무기에 비하여 값이 아주 저렴함으로써 흔히 '가난한 자의 핵무기'로 일컬어진다. 우리군은 일정수준의 화생무기에 대한 방어태세가 되어 있지만 남한의 민간지역은 거의 무방비로 노출되어 있다. 북한은 바로 이것을 노리고 있다.

세계 2차 대전 때 독일 히틀러의 유태인 학살 '아우슈비츠 수용소'를 돌이켜 보자. 영문도 모르고 끌려간 민간인을 단지 게르만 민족이 아니라는 이유만으로 가두어 놓고 화학무기인 독가스를 살포하여 죽이고 시체는 모두 소각하였다. 1941년까지 250만~450만 명이 살해되고 생존자는 겨우 12만 명만이 운좋게 종전으로 살아났다.

TV화면에 가스실에서 죽어가면서도 어린 자식을 끝까지 끌어안고 죽어가는 여자들의 처참한 모습이 아직도 눈앞에서 떠나지 않는다. 또 세계 2차 대전 당시 만주에 주둔했던 일본군 731부대 만행이 이미 공개된 지 오래되어 지금은 옛날이야기처럼 잊혀지고 있다. 일본인들은 전쟁의 결정적 승리를 위하여 생물무기(세균탄)을 개발하려고 산 사람의 생체 실험을 한 것이다.

생체실험의 대상자를 일본어로 '마루타'라고 하여 주로 우리나라 독립운동을 하는 청년들과 중국인들을 잡아다가 악랄하고 비인륜적으로 실험하며 살해하는 장면이 TV를 통해 방영된 바 있다. 그러나 일본인들은 기술은 있는 데 실험대상인 '마루타'의 수가 모자라 시일이 걸렸던 것이다. 1945년 일본의 패전으로 731부대의 패륜적 만행도 중단되고 말았다.

바로 이것이 화학, 생물무기이다. 북한은 이런 화학, 생물무기를 어떻게 대량으로 만들 수 있었는가? 정치범 수용소에 수용된 생사람들을 끌어다가 생체실험을 하였다니 할 말을 잃게 한다. 다른 것은 몰라도 생각이 다르다는 이유로 잡아 가둔 것도 문제인 데 생사람을 '마루타' 같이 생체실험도구로 썼다면 이것은 역사가 용서치 않을 것이고 반드시 천벌을 면하기 어려울 것이다.

북한은 4개의 연구소, 8개의 제조소, 7개의 저장소를 운용하고 있으며, 사린(GB)가스, 질식작용제인 포스겐(CG), 수포, 혈액작용제 등 화학무기 5,000톤을 무기화하여 각 사단 연대 급에 화학소대를 편성하여 실전에 대비하고 있다. 생물무기는 콜레라균, 탄저균, 페스트균, 유행성 출혈

열균, 천연두균 등 10여 가지로서 세균무기도 1,000톤 이상 배양보유하고 있다. 투발수단도 아주 간단하다.

미사일과 전폭기는 기본이고 야포, 방사포, 심지어 박격포에까지 장착해 발사할 수 있다. 전시에는 특수부대가 후방곳곳에 침투하여 살포하는 것이 대단히 방어하기가 힘들 것이다.

거점 방어지역이 아닌 여러곳에 공격할 수 있는 지점이 노출되어 있기 때문이다. 특히 남한처럼 집단주거지역이 밀집, 노출되어 있는 상태에서 군의 방어에 많은 한계가 있을 수 있다는 점이 큰 염려가 된다.

특수부대 - 특수부대원이 되려면 노동당 출신의 열성당원으로서 전투부대에서 5년 이상 사병 및 하사관으로서 근무성적이 탁월한 자로 지휘관이 추천하여 적정검사를 거쳐 선발하고 복무기간은 13년이다.

40kg의 군장을 메고 150km를 15시간 내에 행군할 수 있는 1개 분대가 1개의 보병 기계화대대 보다도 가치 있는 부대로 특수 훈련을 시키고 있다. 철저한 제식동작과 군대예절을 강조하며, 완전무장으로 40kg의 군장을 메고 3일간 계속 수면을 하지 않고 행군 중 취식을 하면서 강행군 위주의 맹훈련을 하며. 1일 2,000회 이상의 수도단련, 단도조법 등의 특수 훈련을 받기도 한다. 혹독하기

로 이름난 세계 최대의 특수부대로 알려져 있다. 동시에 1만여 명의 병력을 동시에 수송할 수 있는 항공수단을 보유하고 있어 유사시 남한 내 침투태세가 완비되어 있다고 알려져 있다. 이상으로 기본적 북한 인민군대의 장비와 조직 등을 점검하였으나 인민군대는 우리 국군과는 기본적으로 차이점이 있는 점에 유념해야 하다. 일반 인민군부대의 복무기간이 10년이라는 점이다.

물론 장단점이 있겠지만 거의 직업군인화 되어 있고 맡은 일에 거의 전문가 수준이며 서로를 너무도 잘 알기에 전투력의 통일성이 있다는 분석이 가능하다. 그리고 인민군의 구성개체인 한 사람 한 사람이 입대 전에 이미 군대와 거의 같은 조직생활과 훈련을 받아왔기 때문에 계속성과 연속성으로 이어지고 있다. 북한은 아기가 태어나면 먼저 낳아준 부모가 있겠지만 '사회주의 대가정론'에 의하여 어버이인 수령을 믿고 사랑하며 충성과 효성을 다해야 하는 것으로 철저히 교육받고 있다.

겨우 눈을 뜨고 말하기 시작할 때부터, 어버이 수령을 먼저 배워야 하는 사회이다. 친부모보다 어버이 수령이 상위개념의 부모이고 절대성을 가지고 있다. 친부모를 버렸으면 버렸지 어버이 수령은 배신할 수 없는 사상 교육을 받고 있다.

유년시기에도 미국놈은 우리의 원수라는 것부터 배우며 인민학교 교육도 집단병영을 방불케 하고 있다. 그러다가 14세~16세가 되면 붉은청년근위대에 편성되어 군대 못지않은 집단교육과 사상교육, 예비 군사훈련을 받고 있다. 고급중학교를 졸업하면 대학을 가는 사람 이외에는 군대에 가야 한다. 이렇게 보면 태어나서 계속 인민군대가 되기 위해서 살고 교육받고 있으며, 어버이 수령 김일성과 위대한 장군 김정일을 위해 미제를 몰아내고 남조선혁명을 위한 통일 전사로 성장하여 인민군대에 입대하여 10년을 복무한다. 북한에서는 인민군대가 되어 위대한 김정일 장군을 결사 옹위하자는 것이 가장 영광스러운 구호이다.

이것이 대개 인민군대의 규모이며 특수성이다. 이러한 인민군대를 어떻게 보아야 할까? 김정일이 생각하는 대로 무엇이든 해낼 수 있을까? 아니면 해내지 못하고 무너질 것인가? 이러한 의문들에 대하여 대답을 얻어 내기로 해보자.

2. 김정일의 사병(私兵) 인민군대

인민군대는 조선인민군 즉, 조선민주주의인민공화국의 군대라는 것이다. 사실은 김정일 개인의 사병인 것이다.

조선노동당의 혁명적 무장력이라고 노동당 규약에도 되어 있으니 노동당의 군대이다. 그 노동당 규약은 김일성의 당이라고 되어 있고, 헌법도 김일성 헌법으로 되어 있다. 그렇다면 김일성의 군대인 것이 맞는 것이다.

김정일은 아들로써 아버지 김일성을 이어 받았으니 지금은 김정일의 개인 군대인 것이다. 따라서 김정일은 인민군 최고사령관으로서 자기의 욕망과 뜻을 펼 수 있다고 생각한다. 그런데 인민군 최고사령관은 임기가 있어 바뀌는 것도 아니고 죽을 때까지 혼자만 할 수 있게 되어 있으며 또 자기 자식 때까지 물려주려고 하는 것이다. 그래서 조선인민군이 아니라 김정일의 사병이라고 그 성격을 규정짓는 것이다.

이러한 인민군대를 미사일, 화생무기 등으로 무장시키고 숫자를 120만으로 늘려서 시위를 해도 한미연합사는 별로 무서워하지도 않고 불안해하지도 않는다. 다만 남한의 김대중 전 대통령시절부터 햇볕정책, 노무현 정부에서는 포용정책으로 민족공조, 남북 화해협력을 내세우면서 북한에 다가서는 것이 현재 남과 북의 상황이다.

그런데, 미국은 요지부동이니 미국까지 움직일 수 있는 인민군대를 만들기 위하여 핵무기를 갖게 된 것이다.

이 핵무기로 미군을 몰아내고 끝내는 남조선혁명을 완

수한다는 것이다. 이것은 노동당 규약, 사회주의헌법, 4대 군사노선, 조국통일 5대강령, 3대혁명역량강화, 김일성 김정일 어록 등등의 자료들이 증명하고 있다.

김정일은 이렇게 핵무장한 인민군대로 강성대국을 만들었으니 과연 남조선혁명을 성공할 수 있을까? 대단히 어려울 것이다. 우선 인민군대는 지금은 김정일을 결사옹위하며 김정일을 위한 총폭탄이 되겠다고 철옹성 같은 결의를 다지며 사기가 충천하고 있지만, 앞서 설명한 대로 인민군은 태어나서 지금까지 다른 것은 모르고 '김정일 위대한 장군'만을 쳐다보고 성장하였다.

김정일 최고사령관 동지는 무엇이든 할 수 있는 신의 아들이니 시키는 대로 하면 꼭 성공한다고 의심 없이 믿고 있는 것이다. 히틀러, 무솔리니, 차우체스크, 호자, 호네커 등 역사적으로 독재자는 올라갈 때는 하늘 모르게 올라가도 떨어질 때는 바로 수직으로 떨어져 흔적조차 남길 수 없는 것이 독재자의 속성이다.

그렇다면 북한 인민군대는 김일성, 김정일 명령에 어떠한 경우라도 절대 복종하며 목숨을 바쳐 기꺼이 죽을 수 있는 결사대인가? 그런데 아무리 주체사상과 미국놈을 원수로 생각하며 성장하고 인민군에 들어와서는 사상교양과 훈련이 엄격하고 이념적으로 완벽한 철옹성군대라고 하고 있으나, 그들도 생명을 가진 사람들이므로 상황에 따라 변할 수 있다.

인간이 어떤 경우라도 절대 변하지 않는다는 것은 생명을 가졌다고 할 수 없으며 기계인간인 로보트도 때에 따라 착오도 일으키고 고장이 생기는 법이다.

어찌 인간이 무생물처럼, 바위처럼 그 자리에 그대로 박혀만 있을 수 있다는 것은 언어도단이다. 인민군대도 그만큼 철저한 교육으로 구호로는, 겉으로는 똑같이 김일성, 김정일에게 오로지 충성만하며 목숨을 걸고 옹위하자는 행진과 구호를 외칠 뿐, 인민군대 각 개체별로는 다른 생각을 할 수도 있다. 세상이 흔들릴 때 거꾸로 갑자기 변하여 김정일 타도를 외치지 않는다고 단정지어 말할 수는 없다.

더욱이 아는 것은 오로지 단하나 위대한 수령, 어버이 수령, 위대한 장군, 친애하는 지도자 동지 그리고 원수는 미국놈이라고 하는 교육만 받고 성장하여 인민군대가 되었는데 어느 순간 진실을 알게 된다고 생각하여 보자.

친애하는 지도자 동지가 왜 이래? 하는 사건과 상황을 맞게 된다면 인간적 놀라움과 배신, 적개심은 불길처럼 타올라 하루아침에 전혀 다른 사람으로 변하게 만들 수 있는 것이다. 원수라고 알았던 미국놈들도 똑같은 인간이며 우리를 일부러 해치는 야만인이 아니라는 것을 알게 되었을 때, "우리가 속았구나... 모두 거짓말이었구나..." 하는 마음이 들어 흔들리게 된다면 인민군대는 김일성 김정일에게 충성을 다 바치는 군대에서 김정일을 타도하는 군대로서 쿠데타나 반란으로 김정일을 몰아내는 무서운 괴력의 군대가 될 수도 있다. 이것을 눈치 챈 김정일은 수시로 인민군 군단장급이나 간부들에게 벤츠 자동차와 양주, 롤렉스시계와 미국 돈 달러가 가득 채워진 현금 봉투를 선물로 주며 우리 마음 변하지 말자고 다짐하는 것이다. 얼마나 불안하면 인민군 왕별자리들을 구워삶아 울타리를 치고 있으니 그 울타리가 얼마나 갈지 누구도 모를 일이다.

김정일이 인민군 간부들에게 주고 있는 그 값비싼 하사품들은 실제는 뇌물이다. 인민은 헐벗고 굶주리는 판에 벤츠타고 양주 마시고 순금 롤렉스시계를 차고 다니는 맛때문에 충성을 맹세하는 것은 언젠가는 확 변할 수도 있다. 이번 UN 안보리 대북제재에서도 이런 것을 알고 유럽에서 북한이 사가는 사치품을 못 사게 제재하였으니 효과가 있을 경우 김정일의 선물, 뇌물작전도 막을 내릴 수

밖에 없을 것이다. 따라서 인민군대도 우리가 생각하는 것 같이 무섭고 독하고 죽음 따위는 아무것도 아니라는 것은 너무 과장된 말이다.

인간사회에서 거짓으로 꾸며지는 시간은 진실의 시간보다 일시적으로는 빠르고 빛날지는 모르나 결국은 진실의 시간에 지워지고 빛을 잃게 된다. 거짓은 하늘은 속여도 우리 인간을 끝내 속일 수 없다고 생각한다. 그러면 인민군대에서는 과연 반란, 쿠데타라는 것은 없었을까?

북한은 워낙 폐쇄적이다. 육지는 물론이고 하늘과 바다까지 단단한 그물을 쳐 놓았으니 사람은 고사하고 새 한 마리도 북한 밖으로 날아갈 수가 없다고 표현하는 것이 쉽게 이해될 수 있는 말이다. 그래서 하나밖에 없는 목숨을 통째로 내어 놓아야만 겨우 몇 사람만이 두만강을 건널 수 있는 최악의 비참한 수용소의 나라이다.

아무리 요사이 첩보전이 현대화되었다고는 하나 북한 깊숙이 숨어있는 정보나 특히, 울타리 속에 있는 인민군 부대 내의 있는 일을 정확하게 알아낸다는 것은 참으로 어려운 일이다. 이 이야기는 북한 인민들에게 소문이 나 있는지 제법 시간이 흐른 이야기이다.

김일성 초기 정권인 1948년 인민무력부장 서열의 한

간부가 항명사건으로 숙청된 이후, 1960년대에 한국에서도 잘 알려진 최 광 인민무력부장이 연루되었던 1967년 김창봉 - 허봉학 반란사건이 있었다. 물론 반란사건이 사전에 발각되어 모두 숙청되었다.

그리고 90년대에 들어와서 전문가들 사이에 큰 논란이 있었던 사건이 있다. 1995년 함경북도 청진에 주둔하고 있던 인민군 6군단 반란사건이다. 6군단 쿠데타 사건의 내막은 군부에 대한 정부의 지원과 공급이 제대로 이루어지지 못하던 제1의 고난의 행군시기로 북한 지역에 대 홍수로 약 300만 명이 굶어 죽는 사태가 벌어지고 있던 시기였다.

군부에서는 영양실조로 환자와 탈영병이 속출했고, 상하관계와 군민관계가 심각하게 훼손되는 등 사회문제로까지 번졌다.

군대 고유의 명령체계와 복종체계가 마비될 만큼 말 그대로 폭발직전이었다. 김정일은 어쩔 수 없이 각급 군부대에 외화벌이를 허락했다. 군부대 살림살이를 알아서 하라는 지시가 떨어지자 인민군 모든 군단과 사단, 여단에서까지 온갖 명칭의 외화벌이 회사와 기지가 생겨났다. 그 통에 달러 맛을 알게 된 군부대 지휘관은 순식간에 부정부패와 타락으로 빠져 들었다. 국경과 접한 6군단에서는 많은 달러를 벌어 들였지만 새로 부임한 김영춘 사령관과의 알력으로 인하여 갈등이 생기게 되었다. 다시 말하여 돈맛을 알게 된 데서 원인을 찾을 수 있겠다.

다른 부대에서도 달러가 부대를 지휘 관리하는 비정상적인 사태가 벌어졌다. 이를 바로 잡지 못하면 달러를 통해 제국주의 사상이 들어오고 나중엔 정권까지 공격할 것이라는 두려움이 김정일을 괴롭혔다. 드디어 6군단에서는 소요가 일어나 수많은 사람들이 한국 안기부 간첩으로 몰려 처형되었고 파장을 막기 위하여 6군단이 해체당하고 9군단이 들어간 것이다.

북한에서도 불만은 있지만 드러내 놓을 수 없을 뿐이지 언제든지 폭발할 수 있다. 단지 외부에 노출되지 않는 것뿐이다. 위의 이야기가 사실인지 아닌지도 중요하지만 이런 이야기가 북한 인민들이 많이 알고 있다는 데 문제가 있다. 북한은 수령 독재 체제로서 철옹성보다 더 공고하다고 하지만, 바람이 가득 찬 풍선이 하늘을 휘집고 날아다니고 있을 때에는 터질 염려 없이 지상의 모든 것이 아래로 보이겠지만 그 풍선의 바람은 아주 작은 바늘 구멍에도 바람이 순식간에 빠져서 지상으로 바로 떨어진다.

세상의 모든 이치가 권력자 한사람 마음대로만은 안 될 때가 있는 법이다. 이 세상은 높아지면 내려올 때를 미리 알아서 다치지 않게 내려오는 법을 알아야지, 때를 모르면 높은 곳이 절벽이 되어 추락하게 되며 인간 자체가 없어져 버리고 만다.

특히 공산주의 독재자는 더욱 그런 것이다. 김정일 최후의 모험이 시작되었다. 이번 핵무장으로 미국이 굴복하고 남한이 혼란에 빠지지 않으면 김정일은 흔들릴 것이다. 김정일만을 옹위하여 총폭탄이 되겠다던 인민군도, 굶주리며 참아왔던 2,300만 인민들도 '김정일 위대한 장군'을 믿지 않을 것이다. 하나밖에 모르던 군대와 노동당, 인민들이 둘을 알게 되고 셋을 알게 되면 김정일은 무너져 내릴 것이다.

3. 독재체재 붕괴에 대비

북한의 혼란과 붕괴는 남한에는 기회일 것이고 전화위복이 되어 꿈에도 그리던 조국통일의 소망을 이루게 될 수도 있다. 소망을 이루려면 우선 우리가 위난을 극복하는 정신으로 무장되어 있어야만 한다. 군은 군대로 투철한 정신무장이 전쟁과 핵위기를 넘길 수 있고, 국민은 국민대로 모든 것을 초월하여 뭉쳐야 한다. 그리하여 좌파든, 우파든, 반미든, 친미든, 친북이든, 반김이든, 모든 것을 일단 접어두고 이 핵위기를 극복하자는 큰 소명에 따라야 한다. 이 하늘의 소명을 따르기 위하여 우리는 좌파도, 친북도 수용하며 다 같이 손잡고 행진하여야 한다.

그래도 영영 돌아서지 않고 조국 수호의 대열에서 빠지겠다면 밀쳐 버리고 가야 한다. 그리고 그들을 북한과 내통 하지 못하도록 막아야 한다. 그래서 조국 대한민국이 수호되던 날 뉘우치게 하여 용서해야 한다.

김정일의 사병인 인민군대의 속성상 김정일 권좌에 틈이 생기면 김정일을 따르던 지휘부부터 내분과 갈등으로 치달을 것이며 그렇게 막강해 보이던 인민군대도 끝내는 선군정치와 강성대국 건설을 원망하며 돌아설 것이다.

이렇게 되면 진정한 남북 화해와 협력시대가 열려 남북이 하나 되는 민족통일, 조국통일의 시대가 열릴 것이다. 불과 90만 명의 병력으로 400만 명이 넘는 장개석 군을 물리친 모택동은 그의 인민전쟁론에서 "전쟁의 결과에 미치는 무기의 중요성을 무시할 수는 없지만 궁극적으로 인간요소에 의해서 결정된다"고 주장하고 있다.

비록 공산주의자이지만 필자는 이 말은 옳은 말이라고 생각한다. 무기를 초월할 수 있는 것은 인간의 정신이며 인간의 단결된 정신의 정당성이 난국을 돌파할 수 있다고 믿는다.

잊지 말아야 할 대목이다. 다시 한 번 되새겨보자.

전쟁을 결정짓는 것은 무기만이 아니고 최종결정은 사람의 정신과 신념이다. 모택동의 홍군과 장개석의 국부군과의 싸움에서 뿐만 아니라 베트남전에서 월맹군과 월남군의 전투에서도 증명되었다.

우리 국민의 안보 무관심과 불감증은 패배의 결정적 요인이며 이런 바탕과 흐름에 군인들인들 불퇴전의 신념과 용기가 생겨날 수 있겠는가? 우리 국민들이 안보의 심각성을 깨닫고 경각심을 되찾아 나라를 지켜내는 바탕을 이루어 힘차게 솟아오르는 샘물 되어 온 천지를 적시며 강물을 이루어야 한다. 우리에게 시간이 그리 많지 않다.

5장 김정일과 조선노동당

높은 권좌 주체사상
누구 위한 독경인가
백성들 원망소리
하늘 찌르니
묶은 손발 풀어주어
속죄나 하지...

5장
김정일과 조선노동당

1. 조선노동당의 정체

조선노동당의 정체와 세계의 다른 공산당들과의 비교에서 북한을 알고자 한다.

조선노동당은 김일성 사유(私有)의 정치 조직이다. 이 말에 대한 답을 구해보기로 한다. 북한에는 여러 가지 법과, 강령, 규약들이 있으나 그 중에서 절대 불가침의 최고의 법이 조선로동당 규약이고 다음이 김일성 교시이고, 그 다음이 헌법쯤으로 되어 있다.

이 노동당 규약에 "조선로동당은 위대한 수령 김일성 동지에 의해 창건된 주체형의 혁명적 맑스-레닌주의당이다" "조선로동당은 오직 위대한 수령 김일성 동지의 주체사상, 혁명사상에 의해 지도된다" "조선로동당의 당면 목적은 공화국 북반부에서 사회주의의 완전한 승리를 이룩하여, 전국적 범위에서 민족해방과 인민민주주의의 혁명과업을 완수하는데 있으며 최종목적은 온 사회의 주체사상화와 공산주의 사회를 건설하는 데 있다" "조선로동당은 당의 유일사상체제를 세우는 것을 당 건설과 당 활동의 기본 원칙으로 삼는다"고 규정되어 있다.

7장 66조로 되어있는 '사회주의헌법' 서문의 마감 구절이 "조선민주주의인민공화국 사회주의헌법은 위대한 수령 김일성동지의 주체적인 국가 건설사상과 국가건설 업적을 법화 한 김일성 헌법이다"고 되어 있으며 김일성 주체사상은 수령론에서 당은 오로지 위대한 수령 김일성 동지의 뜻에 따라 움직이고 따라야 한다고 내용이 되어 있으며, '사회주의 대가정론'에서는 수령으로서만이 아니고 모든 인민들이 어버이로 모셔야 된다고 되어 있다.

북한은 김일성을 인간 아닌 살아있는 신으로 모시고 있다. 따라서 북한은 김일성의 신권통치라고 할 수 있다. 1994년 7월 8일 김일성이 사망하자 대기하고 있던 아들 김정일이 아버지의 신권 통치를 이어받아 유훈통치라고 하면서 아버지 김일성의 뜻을 그대로 따라 하겠다고 하는 것이다.

여기까지만 보더라도 이것이 어떻게 인민의 나라 민주주의인민공화국이라는 나라 이름을 붙일 수 있는 것인가? 지금이 어느 시대라고 아버지가 아들에게 또 그 아들에게 계속 대를 잇게 한다는 말인가, 이것은 이념에 따라 지지, 반대, 찬동, 거부의 문제가 아니고 정상적인 국가라고 보아서는 안 되는 것이다. 그런데 우리 주변에는 김일성의 주체사상, 김정일 주체의 나라, 진정한 민족의 지도자 등 심지어 6·25 동족상잔을 통일전쟁으로 둔갑시키면서 진보를 자처하고 미군철수, 반미, 민족공조를 외쳐대며 올바른 역사이야기를 하면 수구, 꼴통, 반통일, 반민족적이라며 오히려 큰소리 치는 것이 지금의 세태라고 말할 수 있겠다.

우리의 힘을 길러 북한의 야욕을 물리치고 할 말은 당당하게 하면서 남북교류든 협력이든 하여야 한다고 하면 "그러면 전쟁 하자는 거요"라며 즉석에서 무안을 준다. 북한의 김정일이 막강한 인민군대로 전쟁할 것 같으니 비위를 거슬리지 말고 달래자는 의미로 밖에 들리지 않는다. 세상천지에 전쟁을 달래고 비위 맞추어서 안 일어난 예가 있는가요? 오히려 달래고 비위 맞추다가 그것이 전쟁의 씨앗이 된 일은 역사적으로 얼마든지 있다.

이런 현상이 진정이 되지 않으면 김정일의 오판으로 정말 전쟁이 일어날 수도 있다. 이야기를 다시 되돌려 세계 공산당 이야기를 해보기로 하겠다.

2. 소련 공산당

지금은 러시아로 나라 이름을 바꾸었지만 1991년까지 소비에트사회주의연방공화국을 이끌었던 소련공산당을 살펴보자. 1917년 니콜라이 레닌이 10월 혁명에 성공하여 소련을 건국하고 초대 공산당 서기장과 수장이 되어 그가 죽기 2년 전에 신병으로 사임하자 소련공산당은 스탈린을 그의 후계자로 뽑았다. 31년간 집권한 스탈린이 1953년 3월5일 사망하자 공산당은 후르시초프를 선출하여 그는 11년간 집권하였으나 1964년 사임하니 공산당은 브레즈네프를 선출하여 18년간 집권하다가 사망하자 소련공산당은 1982년 안드로포프를 선출하였다.

16개월 후인 1984년 2월 또다시 사망하자 공산당은 1984년 2월 체르넨코를 선출하였다. 그런데 그가 14개월 만에 또다시 사망하자, 죽는데 겁이 난 공산당은 1985년 3월 비교적 젊은 미하일 고르바초프를 선출하여 공산당 서기장과 대통령을 맡겼으나, 1991년 12월 31일 소련이 무너지고 오늘의 러시아가 되었다.

살펴본즉 공산주의 국가의 시조이며 전 세계의 공산주의 국가의 종주국인 소련도 한 사람이 죽을 때까지 집권한 경우는 있지만 그 막강한 권력으로 죽을 때 아들이나 딸이나 친족에게 권력을 넘겨준 일은 없다. 소련이란 국가는 일당 공산당 독재를 이어갔지만 한사람 소유의 공산당은 아니었다. 공산당은 이어지고 계속되면서 당은 새로운 총서기를 뽑아 나라를 통치하는 원칙을 버리지 않았다. 이것이 국가공당이오, 한 나라의 정치 조직이라고 할 수 있다.

3. 중국 공산당

중화인민공화국을 보기로 한다. 중국 공산당은 1921년 조직되어 1949년 10월 1일 정식으로 중화인민공화국을 출범시켜 모택동을 당 총서기와 국가주석으로 선출하였다. 모택동은 27년간 집권하다가 1976년 9월 9일 사망하면서 그 막강했던 권력을 받으려고 대기하고 있던 최측근 4인방인 강청(江 青, 모택동의 처) 왕홍문(王洪文) 요문원(姚文元) 장충교(張春橋)에게 넘기지 않고 중국 공산당에 넘겼다. 최고 의결기구인 중국공산당중앙위원회는 화국봉을 총서기로 선출하였다. 그 후 화국봉이 사임하고 등소평이 총서기로 선출된다.

최고지도자가 된 등소평은 모택동의 인민경제 실패를 되풀이하지 않았다. 모택동은 중국을 공산주의 국가로서

사상적으로 이끌었고 중공의 창건자로서 절대 권위를 지켰으나 '인민공사제도'의 실패 등으로 중국 전체를 빈곤과 거지의 통일을 이루어 경제적으로는 대실패하였다. 등소평은 모택동의 정책을 전면적으로 뒤엎기 시작하였다.

그가 제창한 중국의 첫 진단서가 사회주의초급단계론이었다. 사회주의의 이념인 고른 분배를 하려고 해도 없으면 할 수 없다는 것이다. 다시 말하면 "무엇이 있어야 나눠 먹지, 없는 데 뭘 가지고 나눠 먹느냐?"라는 것이었다. 그리하여 '흑묘백묘론'을 내세우며 제일 먼저 200년 전통의 북경대학을 개방하였다. 모택동 시절에는 어림도 없는 일이었다. 이때까지 북경대학은 공산당 색깔에 따라 입학이 허용되어 왔던 것이다. 중국 최고의 대학을 공산당원이라고 하여, 공산당의 자식이라고 하여 학생을 채우니 인재가 양성될 리가 없었다. 국가를 발전시킬 인재가 양성되지 않고 공산당 사상 타령만 하면서 홍위병을 동원하여 문화대혁명으로 나라를 이끄니 결국 모택동은 인민들을 가난한 거지로 통일시켰던 것이다.

이것을 보고 키150㎝ 밖에 안 되는 작은 거인 등소평은 고양이가 쥐만 잘 잡으면 되지 검거나 희거나 무슨 소용이 있느냐?하며 북경대학 문을 활짝 열어 제치고 색깔에 상관없이 머리 좋은 사람은 누구든지 들어오라고 손짓하였다. 천지가 개벽된 것을 알고 10억의 중국사람 중에서 머리 좋기로 소문난 젊은이들이 북경대학으로 몰려들었다.

1977년 말 시험을 치러 학생을 선발하려고 하니 자그마치 2,500:1의 경쟁률이었다. 여기에서 선발된 학생들은 열심히 공부하였다. 교수들도 열심히 연구하며 가르쳤다. 이렇게 공부한 학생과 교수들을 다시 최고의 수재들 2만 명을 선발하여 매년 미국으로 유학을 보냈다.

미국으로 유학간 유학생들의 공부하는 모습을 본 미국사람들은 놀라지 않을 수 없었다. 기숙사에 한밤 중 불이 켜 진 곳은 중국유학생이었다. 밤과 낮을 가리지 않고 선진국 미국을 배웠다. 주로 경제학, 경영학, 첨단공학 등을 배워서 속속 중국으로 돌아갔다.

오늘날 중국의 '천지개벽'을 이끄는 보배 같은 동력이 된 것이다. 등소평이 공산주의자이지만 또 중국이 공산주의 국가이지만 경제는 모택동식 공산주의로는 안 되겠다고 대결단을 내려 오늘의 중화인민공화국을 있게 한 것이다.

참으로 작은 거인 등소평의 천리안적인 대 안목과 애국심은 중국의 보배로 오래 기억될 것이다. 비록 공산주의자이지만 세계적 대 전략가라고 칭송을 아끼고 싶지 않다. 등소평이 사망하자 뒤를 이은 장쩌민(江澤民)도 등소평(鄧小平)의 개혁개방정책을 따랐고 새로운 중국의 지도자 후진따오(胡錦濤) 주석도 등소평의 정책을 발전시켜 중국의 발전을 이루고 있다. 중국은 어느 개인이 공산당을 지배하는 것이 아니라 민주주의국가와는 차이가 있다손 치더라도 당의 기본 원칙에 따라 지도자를 번갈아 선발함으로써 인민을 이끌고 있다. 등소평은 오늘날 중국 역사에서 모택동 못지않은 정신적 지도자로 각인되어 있다.

4.베트남 공산당

베트남공산당을 보기로 한다. 베트남 인민들로부터 존경을 받고 있는 월맹 공산당 총서기 호치민(胡志明)은 베트남전 종전을 앞두고 1969년 9월 3일 사망하면서 유언으로 공산당 중앙위원들에게 권력 투쟁을 절대 금하고, 집단 지배체제로 당을 이끌어 애국심으로 인민에게 봉사하라고 당부하였다.

그는 한 뼘의 땅도 아까우니 내 시신을 화장하라고 하면서 입은 옷 한 벌 뿐인 유산을 남기고 눈을 감았다. 이 유언들은 지금까지 지켜져 이어지고 있다. 평생 독신이었던 호지명은 형제와 친족들을 가까이하지 않고 근검절약하며 가난을 몸소 실천하였다. 이 유언 중에서 한 가지 지켜지지 않고 있는 것은 화장을 하지 않고 호지명 기념

관을 만들어 시신을 안치하고 그의 사상을 기리고 있는 것이다.

호치민의 뒤를 이은 지도자들은 비록 베트남전에서 미국과 치열한 전쟁을 했지만 1986년부터 '도이모이'정책을 채택하여 사회를 쇄신하고 개혁개방으로 나아가고 있으며 1995년 전쟁의 원수였던 미국과 화해를 하고 국교 정상화를 이루어 수교국이 되었다.

치열했던 전쟁을 잊은 것이 아니라 인민을 위한 경제발전을 이루기 위하여 어제의 원수를 청산하고 경제적 동반자의 길로 나아가고 있으니 실업률은 떨어지고 경제는 성장하고 있으며 더욱 문호를 개방하여 한국의 관광객들도 즐겨 찾는 관광지가 되었다.

공산주의 국가라 하여 모두 반미하며 미 제국주의자, 침략자라는 것이 아니다. 월남전이 어디 보통 전쟁이었던가? 쉽게 잊을 수 있는 전쟁이 아니었다. 미군을 포함 한국군, 남북 베트남 사람이 얼마나 많이 희생되었으며 전쟁의 참화는 일일이 열거 할 수 없을 정도이다.

베트남 사람들은 과거는 잊지 않되 나라의 현재와 미래를 열어가는데 희망으로 가득 차 있다. 과거의 아픔을 달래며 화해하고 협력하여 부강한 나라, 일류 선진국을 이루는 것이 참된 역사라고 하는 철학을 가진 나라라고 필자는 생각하고 싶다.

위에서 공산주의 큰 나라들의 이야기를 소개하였으니 이제는 북한 김일성 김정일과 비교해 보아야 답이 나올 것 같다.

5. 조선노동당과 세계 공산당과의 비교

위에서 본 소련, 중국, 베트남 공산주의 국가에서는 창시자이건 두 번째건 세 번째건 주체사상이니, 수령론이니, 어버이 수령이니 하는 말과 구호 같은 것은 있을 수 없으며 공산당 규약과 헌법에까지 위대한 수령이 시키는 대로 따르자는 말과 문구는 눈을 닦고 찾아보아도 없다. 공산당이 나라를 다스리는 것이지, 기일성과 같이 주체사상으로 당을 소유하여 아들과 손자에게까지 물려줄 수도 없고 물려지지도 않는 것이다.

때문에 필자는 북한 노동당이 김일성 김정일의 개인소유의 사당(私黨)이며 따라서 북한은 김일성 김정일의 나라라는 것이다. 여기에 한방으로 끝나는 핵무기까지 가졌으니 이거 큰일 났구나하는 것이다. 김정일의 마음이 언제 변할지 언제 무슨 마음을 먹을지 짐작할 수가 없기 때문이다.

다른 나라들은 공산당 총서기를 한 사람이 죽을 때까지 한 경우는 있으나, 후임 총서기는 공산당이 당규에 따라 새로운 사람을 선출하고 당을 국가와 인민을 위하여 개혁하고 개방하여 잘 사는 나라를 만들려고 모두가 힘쓰고 있는 것이다. 아무리 존경하는 위대한 전임자라고 하더라도 잘못된 것은 고치고 바로잡아 새로운 나라를 만들려고 서방 서진국과 문호를 개방하고 경제를 발전시키면서 선진국을 목표로 뛰고 있다.

그런데 북한은 한번 원수는 영원한 원수라는 교리를 아들이 그대로 고치지 않고 똑같이 따르고 있으며 오히려 한층 더 강화시키고 있다. 인민은 굶든 말든 별 상관을 하지 않고 해오던 주체사상, 남조선혁명, 반미를 계속 외쳐대니 잘못도 많이 잘못되었다. 아버지 하던 것을 아들이 확 뜯어 고치기가 힘들면 조금씩이라도 고쳐서 먹고 살 궁리를 해야 할 터인데 말이다. 이래서 북한은 실패한다고 점치는 것이다.

위와 같이 살핀 것을 종합하면 북한은 겉으로 보기에는 군사대국으로 막강하고 김정일 권좌가 철옹성으로 보이고 김정일이 배짱도 있어 보이지만 내용은 초조하고 불안하고 이번 핵무장으로 오히려 막다른 골목으로 가고 있다는 해석이 절로 나오게 된다. 그래서 독재 정치는 강하다고 하나 불안하고 하루아침에 무너져 내릴 수 있다는 것이다.

위에서 비교해본 바 중국도 공산당은 유지하면서 모택동의 경제노선을 개혁개방으로 경제가 일어나 잘살기 시작 하였고, 베트남의 공산당도 잘사는 기지개를 펴고 있고, 러시아는 민주주의 체제를 연습하면서 경제성장이 급상승하고 있는데 북한은 무엇이 고장났길래 경제가 전혀 소생하지 못하고 오로지 군대만 강하게 만들려고 하고 있느냐는 질문은 자동적으로 나오게 된다.

그 답은 간단하다. 중국 등은 국가를 공산당의 정책을 가지고 통치하고 지배하고 있으며 지금의 지도자가 잘하면 다음 지도자는 국가를 더 발전시킬 수 있는 사람을 뽑아 나라를 경영하는데 다시 말해서 어느 한사람이 공산당을 소유하는 것이 아니라 공산당이 사람을 바꾸어 가면서 나라를 다스리고 있다.

북한은 김일성 주체사상의 조선노동당을 만들어 김일성 일가만이 나라를 다스리려고 하는 것이 잘못된 것이다. 세계와 담을 허물고 교류 협력하고 무역과 통상이 자유롭고 선진국의 문물과 교류가 이루어지는 개방사회를 만들면 북한은 지하자원과 잘 훈련된 인적자원으로 급속도의 발전을 이루어 경제 선진화를 이룰 수 있다. 중국처럼 조선노동당이 변화 개혁된다면 최소한 중국식 모델로는 확실하게 성공할 수 있다고 본다.

그러나 조선노동당은 북한이라는 한 나라의 당이 아니라 김일성 일가의 당이니 절대로 외국과의 문호를 개방할 수 없다. 당장 김일성 일가의 권좌가 무너져 내리니까 말이다. 지금이라도 북한이라는 나라를 위하여 김일성 주체사상을 버리고 조선노동당을 최소한 중국처럼 경영하는 한 나라의 노동당으로 체질을 근본적으로 바꾸면 북한의 모든 문제는 일시에 해결되고 지금처럼 선군정치, 강성대국, 핵무기실험을 할 이유가 없어진다.

군대는 최소한 국가방위를 위한 수준으로 족할 것이고 노동당이 인재를 모으면 우리 민족의 특유의 두뇌들이 모여 북한을 선진대열에 올려놓는 것은 어려운 일이 아니다.

우리 한국처럼 민주주의하라는 것은 당장 무리일지는 몰라도 조선노동당의 조직과 근본을 한 사람을 위한 것에서 북한이라는 나라를 경영하는 노동당으로 바꾸어야 한다. 이것이 불가능하다면 김정일은 핵무기를 안고 멀지 않아 최후를 맞게 될 것이다.

조선노동당이 개혁 개방하여 나라와 인민을 위한 당이 될 것으로 희망을 버리지 않는다.

6장 강성대국의 건설과 김정일의 체면

한판 승부

무엇이뇨

부질없는 야욕으로

이강산 태울소냐

겨레가 지켜보니

불장난 하지마오

6장
강성대국의 건설과 김정일의 체면

1. 김정일의 체면

김정일은 선군정치와 강성대국 건설에 절정기를 이루어 위력과 성과를 과시함으로써 체면과 위상을 높여야 하는 막다른 길에 접어들었다. 1~2년 내에 실천적 성과가 나타나서 보여주지 못할 때는 문제가 생길 수 있다.

왜냐하면 50년간 벼르던 핵무장한 인민군을 가지고 무엇인들 못할 것인가? 인민군이나 노동당이나 인민들은 그렇게 알고 있다. 또 그렇게 굳게 믿고 참아왔는데 별 것이 아니구나 하는 상황이 온다면 '위대한 김정일 장군'에서 '보통 장군'으로 떨어지고 그 다음은 내리막길이 될지 절벽이 될지 아무도 예측하지 못할 것이다. 아무리 1인 독재가 완벽하다고 하여도 틈은 있게 마련이다. 북한 인민군대나 노동당이나 2,300만 인민도 억눌려 꼼짝 못하고 있지만 사람은 사람이지 아무것도 모르는 동물은 아니다.

지금은 핵무장으로 위대한 김정일 장군과 미국이 직접 맞붙어 있고, 남한의 쌀과 비료지원도 예전 같지 않고 돈도 안 들어오고 중국과의 보따리 무역도, 중국의 투자와 중국의 왕래도 예전과는 판이하게 차이가 나고, 러시아도 어찌할 수 없이 말로만 얼버무리고, 미국과 일본의 공격적 압박이 폭풍에서 태풍으로 바뀔 때에는 북한인민군이나 노동당이나 인민들이 느끼고 눈치 채기 시작할 것이다.

우리 위대한 장군이 밀리니 살기는 너무 어려워지고 참고 이겨내자는 목소리는 점점 커지고 도저히 더는 못 견디겠다는 지경에 도달한다면 무슨 변이 나고야 말 것이다. 지난 대홍수 때 300만 명이 굶어 죽었다고들 하는 고난의 행군 시기의 참상은 우리가 당해 보지 않았으니 이해하기가 힘들 것이다.

북한은 김일성의 교시로 어지간한 산은 모두 개간하여 식량생산을 위하여 소위 다락밭을 만들어 옥수수 등 작물을 심고 있다. 그리고 수로정비가 잘 안돼 있고 결론적으로 치산치수가 엉망이어서 큰 홍수가 났다면 상상을 초월하는 대 재앙이 초래되어 인민들의 고통이 이만저만이 아니다. 그리고 장비부족과 기름부족, 기술부족 등으로 한번 대규모 홍수가 나게 되면 수해복구는 엄청난 시간이 걸리고 그 사이 힘들고 고통당하는 것은 죄 없는 인민들뿐이다.

인간이 먹고 싶은데 먹을 것이 없어 나무껍질과 풀을 뜯어 먹다가 그것마저 없어 몇 날을 굶어서 죽는 것을 상상해보자. 그것도 어른 아이 할 것 없이 모두가 자살도 아닌 눈 뜨고 배고파 죽는 모습을 생각해 보면 같은 동족으로서 너무나 큰 슬픔에 잠긴다. 그 수가 300만 명 소리가 나오니 우리 한국 같으면 300명만 죽어도 생난리가 나고 정부가 왔다갔다하고 책임자들은 자리를 피해 도망가기 바쁠 것이다. 그런데 북한은 김정일과 노동당이 요지부동이고 소요나 폭동이 일어났다는 소문이 없으니 인민들이 충성심이 있는지 아니면 힘이 없어 말을 못하는지 알 수가 없다.

죽으면서 억울하다고 말도 못하는 사회인지 좌우지간 북한은 철저한 독재의 수용소라고 해야 이해가 될 것 같다. 그래도 그때는 굶어 죽는 대참사의 원인이 홍수라는 천재지변이니 김정일과 권력자들이 할 말은 있었을 터이고 체면을 지키는데 핑계거리는 있었다. 어쨌든 북한은 우리의 상식으로는 이해가 잘 가지 않으며 북한을 바로 알기가 꽤나 힘든 것이다.

2. 김정일의 승부

2006년 10월 9일 북한의 핵실험으로 UN안보리 대북 제재안이 2006년 10월 14일 안보리 15개국의 만장일치로 결의되어 대북봉쇄 압박이 눈앞에 다가오자 제2의 고난의 행군을 하자며 인민들을 다그치기 시작하였다. 한편 지금 북한에서는 핵실험 후 곳곳에서 내부결속을 다지기 위한 행사와 대규모의 궐기대회를 열고 있다.

2006년 10월 17일 평양에서는 수만 명이 모여 함성을 지르는 군중대회가 열렸다. 수만 명의 청년학생들은 횃불을 들고 '타도 제국주의' 등의 구호를 외쳤으며, 이들은 행진 후 맹세 모임을 열고 김정일 위원장에 대한 절대적인 충성을 다짐했다. 외신들은 "1930년대 나치 독일의 집회를 연상케 했다"고 보도했다.

2006년 10월 18일 김정일 위원장은 "혁명은 신념이고 의지이며 배짱이다. 필승의 신념이 굳세지 못하고 배짱이 없으면 온갖 풍파를 헤쳐 나가야 하는 혁명을 할 수 없다"고 말했다며 노동신문의 정론에서 보도하고 있다.

북한은 앞으로 예상하는 제2의 고난의 행군을 위하여 모든 비상한 수단을 동원할 것이다. 그러나 이번에는 지난번 대홍수 때와는 성격이 다르다. 또다시 고난의 행군이 시작 되어 굶어죽는 아사자가 속출한다면 이번만은 완전히 김정일과 인민군대가 책임져야 한다.

북한은 김정일이 말한 대로 혁명을 위하여 필승의 굳은 신념으로 배짱을 부릴 것이다. 혁명의 뜻에는 북한은 더욱 혁명 의지를 불태우고, 남한을 혁명하겠다는 뜻이 그 속에 포함되어 있다.

2006년 10월 17일을 시작으로 당 간부와 인민군대 간부들이 떨쳐 일어나 혁명을 위한 바람을 불어 넣을 것이고 전 인민군대와 전 노동당원과 잘 훈련되고 조련된 청년 학생들을 앞세워 전국적으로 대규모의 '김정일 장군 옹위 궐기대회'를 열어 미 제국주의 타도를 외쳐대며, 시위하며 전국을 흥분과 살기의 도가니로 몰아넣을 것이다.

이어서 전 인민을 동원하여 어떤 어려움이 있더라도 이번 고난의 행군을 이겨내자며, 굶어 죽는 것도 혁명이라며 총 광분으로 북한전역을 태풍에 휩싸이게 할 것이다. 이미 북한은 이번 UN안보리 결의 이행에 동참한 중국과 러시아를 볼 때 원유와 식량, 생필품을 비롯하여 대외무역은 물론 외부세계와의 왕래마저 순탄치 못할 것을 미리 예견하고 사상최대 최고의 미 제국주의 타도 궐기대회를 열어 혁명 완수를 외쳐 댈 것이다.

북한은 모든 것을 걸고 마치 옥쇄전략으로 나와 죽음도 불사하는 살기로 가득 찬 분위기를 연출해 낼 것이다. 그것으로 그칠 김정일이 아니다. 북한은 반드시 불길을 남한으로 번지게 할 것이다.

이번 사태를 전적으로 미국 탓으로 돌리며 6·15정신과 민족공조를 앞세우면서 민족전체의 문제요 한반도 전체의 문제라며 제국주의 외세를 물리치기 위하여 남한도 함께 일어나야 한다는 통일전선전략으로 민족대단결을 외치고 나올 것이다.

그리하여 북한은 의분심이 남달리 강하고 약자를 돕는 도덕성을 가진 우리의 순순한 민족 감정을 교묘히 자극하여 북한이 강대국에 포위되어 외로이 투쟁하고 있다.

마땅히 같은 민족으로서 총궐기하여 외세를 배격하는 것이 너무나 당연하지 않느냐는 논리로 남한의 모든 친북조직과 진보세력들을 부추기며 앞장세워 대대적인 시위와 궐기를 유도할 것이다. 그리하여 남한 내에 통일전선을 구축하고 핵보유국으로 자리를 굳히며 한반도의 주도권을 확보하려 할 것이다. 이것이 바로 북한의 남조선혁명을 위한 인민민주주의혁명 전략이며 혁명전쟁 전략이다.

북한은 언제든지 민족을 끌어들여 외국보다는 그래도 같은 민족임을 내세워 외세를 배격하자는 민족감정에 호

소하여 혁명의 목적을 달성하자는 감상적 전술을 쓰는 것은 이미 북한의 전매특허가 된지 오래된 일이다. 남한에서는 북한이 생각하는 민족 개념을 잘 모르는 사람들이 많이 있는 것 같아서 너무나 답답하다.

북한의 민족개념은 우리의 민족과는 그 의미가 전혀 다르다. 북한은 김일성 주체사상으로 완전무장한 통일혁명의 전사가 아닌 사람은 반민족분자요 반통일분자로서 같은 민족이 아니며 오히려 숙청, 처단 대상이다.

순수한 우리 남한에서는 북한과는 달리 이념과 사상을 떠나서 열린 민주주의 사고로 "한 핏줄은 모두 한민족이요 같은 민족이다"는 정통적 개념으로만 생각하고 있다. 북한은 바로 이것을 약점으로 역이용하고 있다. 따라서 북한과 친북세력들이 '민족'과 '평화'라는 글자를 위장전술로 즐겨 쓰는 이유를 알아야 한다.

이제 민족이라는 뜻이 무엇인지 따져야 한다. 북한의 민족과 우리의 민족이 정반대라는 것을 확실하게 알고 속지 않아야 한다.

우리는 다 같은 한민족인데 하는 막연한 감상적 사고로 핵무기를 설마 같은 민족인 우리 남한을 겨냥하지는 않겠지 하는 지나친 평화주의는 지체 없이 냉철한 판단으로 바꾸어야 한다. 그리하여 북한의 거세질 것으로 예상하는 대남혁명 전략을 분쇄하고 북한의 의도를 차단하여 우리 대한민국과 우리의 자유를 지켜내야 한다.

북한은 이번 핵 사태를 돌파하기 위하여 남한을 끌어들이는 통일전선 전략을 펼칠 것이나 별 효과 없이 지지부진하거나 실패할 경우 국지적으로 무력도발을 시도하여 긴장을 고조시키는 강경전술로 나올 것으로 보인다.

최악의 경우 북한은 한국과 미국을 전쟁에 끌어 들여, 핵 확전이냐, 평화냐를 쟁점화 하여 단판 하려는 벼랑끝 전술을 펼칠 것으로 보인다. 핵무기를 군사무기로 하여 승부를 걸어 올 수도 있을 것이다. 우리 정부와 국민은 모든 가능성의 전술적 대비는 물론 전략적 판단의 한 치 반치의 차질과 차이 없이 완벽한 대비책이 필요할 때이다.

한미연합 체제로 모든 대응수단과 일·중·러의 국제공조와 UN을 통한 협력체제로 전쟁을 차단하고 이번 북한핵 실험사태의 위기를 극복하여야 한다. 참으로 어려운 일이지만 우리는 해내야만 한다.

김정일은 최악의 경우 중국·러시아와의 국경이 막히고 일본의 항구가 봉쇄되고, 남한의 지원도 예전 같지 않고 세계금융계좌가 동결되어 숨이 막힐 지경에 도달한다하여도 핵을 쉽게 포기하지 않을 것이다. 이것은 62년간 이어져 내려오는 김일성 김정일의 권좌가 걸려있는 일이고 김정일의 체면이 걸려있는 일이다. 김정일이 여기에서 체면이 손상된다는 것은 지금까지의 모든 것이 수포로 돌아가기 때문이다.

김정일은 최악의 무력 시나리오도 염두에 둘 수 있겠으나 전쟁은 혼자 할 수 있는 것이 아니다. 아마도 이때쯤이면 주변 4강과 전 세계의 이목이 한반도에 집중되어 있으므로 김정일 혼자의 결단으로 쉽게 최악의 무력도발을 감행할 수는 없을 것이다.

그러나 우리는 김정일의 이판사판식 군사도발과 막가파식 무력도발도 항상 염두에 두고 철저한 대비가 있어야 한다. 우리 정부와 국민은 혼연일체가 되어 평화를 지켜내야 하겠으며 우리는 정부를 믿고 따르며, 정부는 국민의 지혜에 겸허하게 귀를 기울여야 한다.

김정일의 무모한 핵무장의 장난이 한반도를 비켜가서 저 멀리 강물에 떠내려갔으면 하는 마음 간절하다.

7장 김정일의 딜레마 (Dilemma)

배짱으로 이 세상
꿈꾸지 마오
독한 마음 모질구나
속 편할리 없겠구려
불안으로 잠 못이뤄
날 밤 세우니
쌓인 고민 별되어
하늘에서 떨어지네...

7장
김정일의 딜레마 (Dilemma)

김정일이 배짱이 있다고 하는 데 그 배짱은 어느 정도이고 반대로 불안과 고민, 딜레마를 살펴보면 김정일이 왜 핵실험을 하였는가? 그리고 앞으로의 전개될 상황을 점쳐 보는 데 큰 도움이 되리라 생각한다.

김정일은 2006년 10월 18일에도 노동신문을 통하여 혁명은 배짱이 있어야 한다고 말하였지만 흔히 우리가 말하는 김정일의 벼랑끝 전술(Brinkmanship tactics)과 소위 배짱, 잔학성, 불안, 고민을 살펴보면 현재의 북한을 훨씬 빨리 이해하게 될 것이고 왜 핵무장과 선군정치와 강성대국이 절실한지도 알게 될 것이다.

1. 독재자의 배짱

북한은 지금 중국이 없으면 살아갈 수 가 없다. 특히 먹을 것은 말할 것도 없고 모든 인민들의 생필품에서 부터 잔잔한 생활용품, 약, 전기기기, 화장품 등 이루 헤아릴 수 없이 많은 북한에 필요한 물품 70% 가량을 중국과의 공식 비공식 교역에 의존하고 있는 실정이다. 기름도 북한이 필요한 양의 90% 가량을 중국에서 공급받고 있다. 만일 중국이 기름공급을 중단한다면 얼마 못가서 기름이 없어 인민군은 전투력 자체를 상실할 것이다. 북한의 중국과의 교역 규모는 1년에 대략 11억 9천만 달러 한화 약 1조 1천 900억 원 정도이다.

북한에 있어서는 엄청난 금액이다. 솔직히 중국이 북한을 먹이고 입히고 인민군을 유지시켜 준다고 하면 좀 지나치기는 해도 과히 틀린 말은 아니다. 정치적으로는 어떠한가? 동구공산권이 무너지고 난 후 북한이 유일하게 의지하고 있는 나라 또한 중국이다.

그렇게도 의지하던 소련이 1991년 12월 31일 해체되고 오늘의 러시아로 바뀌고 난 후 압록강 다리 하나를 사이에 둔 큰 나라 중국이 어찌됐든 공산당이 지배하고 있는 혈맹의 동맹국이다. 1961년 체결된 조·중 우호조약이 지금 개정논의가 대두되어 있지만 아직까지는 군사자동개입조항이 살아 있는 상태다.

6·25 동란시 중공군의 도움이 없었으면 한반도에서 북한은 없어졌을 것이고 김일성 김정일도 사라졌을 것이다. 세계 모든 나라들이 북한을 별로 달가워하지 않아도 중국은 여러 가지 이해관계가 있어서 귀찮을 때도 있지만 그

래도 북한을 감싸고 돌보고 있는 큰 집이다. 하나밖에 없는 형제국이요 북한의 지원국이다. 그런데 김정일은 이 중국의 말을 잘 듣지 않고 있다.

중국식 개혁 개방을 권유하며 몇 번이고 상해를 비롯한 여러 곳을 보여주며 달래기도 하는 데, 김정일은 천지개벽에 감탄하고 놀라고 찬사를 보내면서도 개방의 흉내만 내다가 말고 있다. 김정일의 속셈은 '천지개벽'하여 인민들 잘 먹고 잘 사는 것도 중요하지만 내자리가 위험하다는 것이다. 내 자리 내놓고는 못한다는 배짱이다.

중국은 북한에게 미사일을 쏘지 말아 달라. 핵실험을 하지 말아야 한다. 6자 회담에 나와야 한다. 아무리 사정하고 달래고 위협까지 가해도 김정일은 끄떡도 안한다. 얻어먹는 것은 얻어먹는 것이고, 6·25때 혈맹은 지나간 옛날 이야기이고 우리에게 원조 안 해줘 봐라. 우리 망하면 중국도 골치 아플건데? 미국이 압록강까지 남한 군대와 같이 올라오면 중국이 무엇이 좋겠노, 아마도 이런 이유들이 아닌가 싶다. 김정일에게 직접 물어 보아도 비슷하다고 하며 용하게도 알아 맞췄다고 할 것 같다.

좌우지간 김정일은 중국의 말을 듣지 않고 이번에도 미사일, 핵실험까지 강행하면서도 중국에게 크게 미안하다고 말했다는 소문이 없다. 이런 것도 김정일 특유의 배짱이라고 할 수 있겠다.

아마도 배짱만은 아닐테고 무슨 사정이 있을 것이다. 위에서 설명한 대로 미제를 몰아내고 남조선혁명을 완수하여 통일 조선을 이룬다고 하는 60년 묵은 경전 때문에 어찌할 수 없는 것 같다. 하기야 남조선혁명이라는 몽류병자 같은 이야기는 아버지 김일성한테 물려받았으니 효자인 김정일로서도 어찌 하겠는가 마는 이제는 바꿀 만도 한 데 사교(私敎)치고는 꽤나 단단하다. 더욱이 자기 혼자도 아니고 2,300만의 신도가 있고 지켜주는 120만의 힘센 군복 입은 장사들도 있으니 든든해서 그러는지 현재로서는 움직일 기미가 보이지 않아 큰일이다.

보다 못한 이웃나라들이 김정일 교주에게는 물을 주지도 말고 쌀도 주지 말고 불땔 기름도 주지 말자고 만장일치로 결정하고 꽁꽁 가두겠다고 하니 물도 없고 밥도 없고 땔감도 없으면 손들겠지 하고 지켜보고 있다. 정 하다안 되면 나가라고 내쫓을 수는 없을까, 그렇게 안하고 저절로 그만두고 보따리 쌀지도 모를 일이다. 희망은 그래도 우리에게 있지 김정일에게 있어 보이지 않는다. 참 어찌 되었건 배짱 하나는 있어 보인다.

북한은 소련에 많은 신세를 졌다. 소련 때문에 김일성이 생각지도 못한 북한의 수령이 되었고 6·25때는 탱크다 대포다 최신식 무기를 소련으로부터 얻어다가 성공하지는 못했지만 남조선을 통째로 먹어 치우려고 전쟁을 소원 껏 해 보았고 전쟁 때도 무기뿐 아니라 역전의 용사인 소련 고문관들이 프라우다 특파원 기자로 위장하여 이리가라 저리가라 하면서 인민군대를 돕지 않았는가?

그 신세를 갚기도 전에 소련은 망하고 러시아로 바뀌었으니 그래도 예전만은 못해도 찌꺼기가 남아있어 아직까지는 그런대로 통하고 있다. 러시아도 요사이는 돈 맛을 알게 되어 공짜로 펑펑 주지는 않지만 답답할 때 한 번씩은 아쉬운 소리를 하면서 얻어올 때도 있다. 첨단무기 쪽은 알게 모르게 러시아를 많이 의지하는 편이다 그 놈의 공산주의는 질겨도 보통 질긴 것이 아니어서 아무리 러시아가 되었다 하더라도 아직까지는 붉은 색이 제법 남아있으니 언제나 김정일을 그래도 싸고돈다.

김정일이 소련에서 태어났고 김일성 김정일은 소련을 마음의 고향으로 생각하면서 살아왔기에 김일성 사상의 기본을 맑스·레닌주의로 지도 이념을 삼고 있는 것이다. 그런데 어지간하면 러시아의 말은 들을 법 한데 별 신경 안 쓴다. 이번 미사일, 핵실험도 러시아는 제법 강도 있게 말렸다. 김정일은 들은 척도 안하고 중국에만 귀띔하고 러시아에는 말조차 안하고 핵실험 스위치를 누르고 말았다. 김정일의 배짱이 또 한 번 발동한 것이다.

이것도 배짱 좋다고 해 두어야 할 것 같다. 모르고 이런 배짱을 부리는지, 알고도 배짱을 부리는지, 원래 성격이 그런지, 걱정이 된다. 이러다 남쪽을 향하여 배짱으로 '꽝' 하는 것은 아닌지 그것이 염려가 된다. 사실 김정일이 중국이나 러시아를 깔고 넘어가는 것을 보니 남한에서 어지간하게 다루어서는 안 되겠고 잘 연구해서 남쪽을 향해서는 배짱을 부리지 못하도록 한번쯤은 따끔하게 혼내주어 만만하게 보지 못하도록 해야 될 것 같다.

그 사람은 원래 배짱이 있으니 달래고 비위맞추며 세월을 보내다가는 큰일 나고야 말 것 같아서 염려가 된다. 이제는 그런 배짱을 남쪽에 부린다면 용서하지 않겠다고 우리의 무서운 힘을 확실하게 증명해 보일 때가 된 듯하다. 좌우간 김정일 배짱 때문에 문제는 문제인 것 같다. 그 배짱이 남한에는 통하지 않도록 배짱을 잠그는 자물통을 구해야 되겠다.

북한이 일본과는 조총련을 통해서 많은 왕래가 있고 조총련이 김정일의 돈주머니와 해외 창구역할과 남한에 침투하는 좋은 기지역할을 하는 매우 중요한 나라이다. 또

생필품, 쌀, 기계류같은 것을 사다 쓰는 곳이기도 하며 만경봉호라는 배가 수시로 들락거린다. 그런데 물건을 실어야 할 배에 일본 학생들을 납치하여 공작원, 강사 등으로 쓰니 일본이 가만히 있을 리가 있겠는가?

소위 일본인 납치 문제로 지금까지 해결되지 않고 시끄러우니 지난번 금강산 이산가족 상봉장에서 '메구미' 딸이라고 하면서 TV에 나와 '메구미'가 죽었다, 일본은 아니다 하고 시비가 오가고 있는 데 누구 말이 맞는지 우리로서는 모를 일이다. 남쪽에서 납치해간 '메구미' 남편까지 나와서 온 가족이 무슨 원고 읽듯이 '메구미'가 죽었다고 해도 일본은 짜고 하는 연극이라 하니 좀처럼 납치문제는 해결되기 어려울 것 같다.

하기야 일본은 그것도 어린 학생들을 북한이 마구 잡아갔으니 야단칠 만도 하고 일본이라는 나라의 위신과 체면이 걸려 있으니 물고 늘어질 수밖에 없는 사정에 이해는 간다. 김정일은 언제까지 일본하고 거래를 안 할 작정인지 '일본으로 보낸 유골이 싫으면 돌려보내라'고 하며 일본인 납치사건은 이미 다 해결된 것 아니냐고 큰소리를 친다. 이것도 김정일의 배짱이겠지... 하고 생각할 수 있겠다.

어찌되었든 김정일의 배짱은 일본과도 말썽을 피운다. 그놈의 배짱이 언제 멈추려는지... 아직까지는 여기저기서 소리가 꽤나 요란하다. 북한이 미사일, 핵실험을 하자 단거리 100m 선수보다도 더 빠르게 일본은 움직이고 있다. UN 안보리로 쫓아간다. 만경봉호 못 들어온다. 일본에서는 지금부터 사람, 돈을 북한에 못 보낸다. 북한과는 거래를 몽땅 끊겠다고 말만 하는 것이 아니고 즉시 행동에 옮기는 속도가 고속열차보다 훨씬 더 빠른 것 같다.

김정일의 배짱이 공산주의 국가도 아니고 혈맹도 아닌 일본에게 배짱으로 밀어 붙여 과연 통할지 구경해 볼만한 싸움판인 것 같다. 제발 아무데나 배짱을 부리지 말고 좀 아꼈으면 좋겠다.

우리 남한하고는 김정일이 무슨 배짱을 부리고 있을까? 모두가 알고 있으니 대강만 짚어보자. 남한에서는 여러 종류의 납치사건이 있는 데, 신상옥 최은희 영화배우 납치사건, 서해상의 고등학생 납치사건, 동진호 선원 납치사건, 6·25 때 국군 포로 등 한참은 써 내려가야 할 것 같은 데 이렇게 수많은 납치사건을 전혀 모르거나 납치가 아니니 말도 하지 말자고 신경질이다.

딱 잡아떼며 그런 말을 하려면 남북교류를 집어치우자고 하니 우리 정부는 별 수 없이 북한을 압박하지 말고 살살 다루자고 미적거리고 있다. 하기야 배짱으로 다 아는 것을 아니라고 하니 막가는 사람에게 어쩌겠나... 하고 한편 이해가 되기도 한다. 참말 김정일의 배짱은 막가파를 뺨칠 정도이니 우리 정부도 보통 고생이 아니라는 것은 이해는 가지만 이 배짱은 언젠가는 멈추게 해야 한다. 그런데 지난 8년 동안 김대중 대통령 시절과 현 노무현 대통령 정부가 북한에 보낸 것을 합치면 7조원이 넘는다고 알려진지는 오래된 이야기다.

북한에 절대 필요한 쌀, 달러, 자동차, 중장비 등 민간부문까지 합치면 헤아리기 힘들 지경이다. 우리도 어려운 가운데 같은 동포이니까, 또 앞으로 남북이 평화롭게 살기 위해서 보낸 것이다. 우리 남한도 서울역 등 노숙자가 얼마이며 가난해서 밥 한 끼가 아쉬운 사람은 또 얼마인가?

고지대 판자집에서는 연탄 한 장이 없어서 애태우는 정말 어려운 사람들도 있고, 공원에 모인 노인들은 봉사단체에서 주는 점심 한 끼에 길게 줄을 잇는 광경이 우리 눈앞에 펼쳐져 있지 않는가? 그런데도 큰마음 먹고 보내는 우리의 정성에 북한이 단 한번이라도 진심으로 고맙다고 말한 적이 없다. 오히려 북한은 위대한 김정일 장군의 선군정치에 덕을 보고 있다고 되받아치고 있다.

김정일 위대한 장군님에게 감사하라는 것이다. 북한은

금강산 관광도 베푸는 기분으로 하는 것 같다. 구경을 간 남한의 국회의원까지도 혼내주고 있으니 말이다. 줄 것 다 주고 구경하는 데 참으로 기가 차고 어이없어 말문이 막힐 지경이다.

우리 돈으로도 7조는 어마어마한 상상할 수도 없는 돈인데 우리 경제 규모의 30~40분의 1 밖에 안 되는 북한에서는 얼마이겠는가? 계산이 잘 안 되는 엄청난 돈이다. 이 돈을 어떻게 주었는지 신문에도 보도되었고 국회에서 대정부 질의 시간에 이미 다 밝혀졌으므로 여기에서 밝히지는 않겠지만 좌우지간 많이 보내기도 보냈다는 생각이 든다. 아무튼 이렇게 주고받은 일이 사실인데 어지간하면 북한이 감사의 마음을 가지는 것이 마땅하고 사리에 맞는 것이다. 그렇지 않다면 그것은 배짱이 아니라 몰염치하고 무례하고 예의를 모르는 막가는 자의 짓이다.

원래 우리 민족은 이런 민족이 아닌 데 왜 이렇게 변했는지 화도 치밀고 고민이 많아진다. 늦게라도 생각해 보니 인사가 빠졌다고 감사하다면서 우리 남북이 잘 지내자고 하는 말을 꼭 듣고 싶다. 한 가지 짚어 볼 것은 우리가 보낸 쌀이 인민들에게 잘 전달되어 밥 한 끼라도 배불리 먹는 것일까? 궁금하다... 여기에서 들어온 소식 하나만 소개해 보고자 한다.

10년 전부터 대북식량지원 사업을 했던 UN 벨 재단의 스티브 린튼은 북한을 직접 방문하여 화차(貨車)에 실어 마을까지 가져다 주민들에게 직접 쌀을 배급하고 있다고 강조했으나 수 년 후 어느 주민이 그에게 "당신이 가고 나면 혁명 사업에 써야 한다고 도로 빼앗아 간다"는 말을 듣고 충격을 받아 앓아누웠다고 한다. 그래서 지금은 결핵약 지원 활동만을 하고 있다고 한다.

여기에서 생각할 수 있는 것은 UN소속의 외국 사람이니까 화차에 싣고 마을에 까지 가서 직접 인민들에게 나누어줄 수 있지, 우리 남한에서 그렇게 하자고 하면 주권 침해이자 모독이라고 하면서 화를 벌컥 내지 않을 까요? 우리는 그 많은 쌀을 배에 실어다 주었을 뿐 잘 모르고 있을 터이니 굶는 동포들에게 가는지 팔아서 현금으로 쓰는 지 어떻게 하는지 현재까지는 모르고 있을 것이다.

글쎄... 높은 사람은 알고 있는지...

필자의 생각으로는 그냥 모르고 주고 있으리라 여겨진다.

2. 독재자의 잔학성

배짱이야기는 한도 끝도 없으니 김일성 김정일의 잔학성을 살펴보기로 하자. 김정일은 과연 지독하게 악한 사람일까? 선한 사람일까? 핵무장은 김정일의 성격과는 관련이 없는가? 답을 얻어 보기로 하자.

북한은 기본적으로 2,300만 인민을 셋으로 구분하고 있다. 김일성 김정일의 혁명노선을 절대로 따르는 사람과 따를 것 같으면서 안 따르는 사람, 처음부터 안 따르는 사람으로 나누고 따르는 사람은 살려주고 안 따르는 사람은 없애거나 수용소에 가두어 거기에서 죽게 한다. 북한 정치범수용소는 우리가 생각하는 교도소, 형무소, 감방 등으로는 상상하기 어렵다. 이미 요덕스토리로도 알려졌기 때문에 간단하게 소개한다.

북한 정치범 수용소는 약 15개가 있으며 수용인원은 약 20만 명~25만 명으로 보고 있다. 현재까지 처형된 정치범의 수 만해도 약 15만 명이다. 수감자에게 공급되는 일일 식량은 옥수수 500g, 소금 1/5스푼, 된장 1/3스푼이 전부이고 일년동안 상하 1벌의 옷만이 공급된다. "김정일의 화려한 별장을 제외하고는 북한 땅의 어느 곳도 온전한 자유는 없습니다"고 하면서 탈북자들은 북한을 거대한 감옥이라고 한다. 이 거대한 감옥 속에 특별감옥, 즉 '특별독재대상구역'이라고 불리는 공포에 젖은 곳이 바로 정치범수용소이다.

수령의 사진을 잘 보관하지 못했다는 죄로, 이름조차 들어 본 적이 없는 머나먼 친척이 반동이라는 이유로, 할아버지가 지주였다고, 기독교인이었다고, 6·25때 국방군을 도왔다는 이유로, 남한의 노래를 흥얼거렸다는 실수로, 살기위해 국경을 넘어 선교사에게 식량을 구했다는 이유로, 어느 날 쥐도 새도 모르게 끌려가는 곳이 정치범 수용소이다.

옥수수 한 그릇과 소금 한 순갈로 14시간 중노동과 채찍을 견뎌야 하는 곳, 도주하던 친구의 공개 처형된 시체 위로 침을 뱉고, 돌을 던지고 저주를 퍼부어야 목숨을 부지 하는 곳, 뱀이나 쥐를 잡은 날이 최고 행운으로 여겨지는 곳, 살아 있는 것 자체가 가장 큰 고통이고 지옥인 곳, 자신의 생명을 저주하게 만들어 버리는 곳, 이곳이 바로 김일성 김정일이 만들어 놓은 '북한정치범수용소'이다.

이렇게 죽이는 것도 아까워 화생무기를 만드는 생체실험용으로 소위 '마루타'로 많은 생사람들이 죽어간다고 하니 이것이 사실이라면 하늘이 천벌을 내려야지 지금껏 이 짓을 하게 하는 하늘이 원망스러울 뿐이다. 이것이 김정일의 정치요 북한의 실정이요 김정일의 성격의 한 단면이며 포악의 극치를 이루는 그의 체질이라고 말할 수 있다.

북한은 2001년까지 4년간 2만여 명이 처형 - 아사사태 속에서 '심화조(深化調)를 통해서 당 간부만 2천 5백명의 숙청이라는 제목의 신문 기사를 인용해 보기로 한다.

북한이 2000년 6월 남북정상회담을 전후하여 수만 명 규모의 대대적인 내부 숙청을 진행중이었던 것으로 밝혀졌다.

'심화조(深化調)'로 불렸던 당시 숙청작업은 1998년부터 본격적으로 시작돼 2001년 말까지 공식적으로만 총 2만여 명의 당간부 및 핵심요원들을 고문 또는 총살하거나 정치범수용소에 보냈던 것으로 평양 지도급사회에서는 '원자탄'에 비견되는 큰 공포와 충격을 줬던 사실이 4년 만에 처음 알려졌다. 이같은 사실은 최근 보위부 등 북한의 정보·공작기구에 근무하던 요원들에 의해 밝혀졌다. 이들의 진술에 의하면 '심화조'는 90년대 중후반 북한경제가 붕괴하고 기아 사태가 속출하여 북한체제에 대한 위기가 최고조에 달하자 김정일이 국면을 전환하기 위한 목적으로 사회안전부(경찰)를 앞세워 진행한 것이다.

심화조의 시발점은 1997년 8월 노동당 농업담당 비서 서관희가 간첩협의로 평양 통일거리 관문동에서 공개처형을 당한 것이었다. 김정일은 북한 실량 공급 실패와 이에 따른 대량아사의 책임을 서관회와 그를 배후 조종했다는 미국과 남한에 덮어 씌움으로써 주민들의 대외 적대감 극대화 및 권력강화를 꾀했던 것으로 전해진다.

전 북한 보위부 요원에 따르면 1997년 평양 관문동에서 서 비서의 공개처형을 지켜본 주민들은 농업비서를 통해 북한의 대량아사를 유발시켰다는 미국과 남한정권에 대해 격렬한 적개심을 내비쳤다. 북한 정권은 또한 혁명열사릉에 안장돼 있던 전 농업담당비서 김만금에 대해 농업실패와 대외 내통 등의 혐의를 씌우고 그의 시체를 꺼내 총질까지 한 것으로 알려졌다.

이 밖에도 서윤숙 평양시 당 책임비서, 문성술 중앙당 본부당 책임비서 등이 같은 기간 간첩 또는 반당종파행위 혐의를 받고 처형되거나 사라졌다. 문성술은 김정일의 세포비서고문으로 김정일의 보고를 받을 수 있는 최고위급 인사로 김일성의 측근으로 분류됐던 것으로 전해진다. 김정일은 심화조를 진행하는 사회안전부에 특권을 부여하고 “나부터 주민등록 사업을 하라”며 권한을 강화했다고 한다. 주민등록상 한국전쟁 기간 중에 한 달이라도 직무가 공백이 있는 경우나 그런 사람과 연관을 맺고 있는 이들의 경우 간첩혐의를 받을 수 있다는 것이다.

로동당 전 요원의 증언에 따르면 “주민등록 사업은 나이든 김일성 측근들을 제거할 구실이었다. 당시 분위기는 사업장에서 누가 지각만 해도 심화조에 붙들려 죽었다고 생각할 정도였다"고 한다. 사회안전부가 1990년대 말부터 2001년까지 심화조의 일환으로 처형한 인원은 중앙당 간부 2,500여명을 포함 근 3만 명에 달하는 것으로 추정된다. 중앙당 안보강연회 공식 자료에는 그 숫자가 2만여 명으로 나와 있다고 전해진다.

사회안전부는 당시 각 지역의 시, 당조직은 물론 분주소(파출소)까지 조사했으며 지역에 따라서는 분주소가 통째로 없어지는 경우도 있었다고 한다. 초기에는 심화조에 대해 김정일에 대한 칭송으로 나타났다. "악질들을 장군님이 청산했다"는 것이었다. 하지만 사회안전부에 무게가 실리기 시작하고 심화조가 극심한 부작용과 사회적 공포와 불만을 증대시키자 김정일은 이번엔 사회안전부에 화살을 돌렸다. 사회안전부 정치국장 최문덕을 간첩혐의로 숙청하는 등 안전원 6,000여 명을 처형했다. 사회안전부는 이후 아예 그 이름까지 인민보안성으로 바꾸었다.

김정일은 2001년 말 중앙당 안보강연회 공식자료를 통해 심화조의 일환으로 2만여 명이나 처형시킨 사회안전부의 죄행을 비판했다. 또한 전 농업담당비서 김만금과 서관희를 무죄로 복권하고 정치범수용소에 수감된 가족들을 석방함으로써 대대적 숙청에 따른 불만을 누구러뜨리려 했다는 분석이다.

위에서 살펴 본 두 가지 사례에서 북한은 무시무시하다 못해 소름이 끼치는 인간지옥이라 생각된다. 어떻게 김정일 한 사람을 위한 정치가 이럴 수 있을까, 이런 것들을 위하여 주체사상이니, 노동당 규약이니, 선군정치니, 강성대국이니 한단 말인가, 민족의 일원으로 자유 대한민국의 한 국민으로서 너무도 분노를 느끼며 눈물이 앞을 가려 이 말을 여기에서 접어야겠다. 참으로 김정일의 잔학성, 포악성의 모습을 보니 핵실험도 그의 성격, 체질에서 찾아보아야 하지 않을까 생각이 든다. 살인강도도 마지막 양심은 있던 데 이게 어찌된 일인지 생사람을 헷갈리게 만든다.

3. 독재자의 불안

김정일의 불안한 심정을 들여다보자. 이것이 이번 핵실험하고 무슨 상관이 있는지 말이다. 지금 김정일은 '위대한 장군' '친애하는 김정일 동지'로 떠받들어 지고 있지만 깊은 속마음은 불안할 것이다. 2006년 10월 20일도 평양에서 북핵 자축 10만 군중대회가 열렸다. 평양시민과 군인 등 10여만 명이 모인 가운데 핵실험 성공자축 군중대회를 가졌다고 한다.

북한이 2006년 10월 9일 핵실험 발표 이후 11일 만에 성공을 축하하는 군중집회를 가진 것이다. “위대한 김정일 동지를 수반으로 하는 혁명의 수뇌부를 목숨으로 사수하자”는 대형 플래카드(placard)를 들고 행진하는 모습의 사진이 살기등등하고 무슨 일을 낼 것만 같은 느낌을 멈출 수가 없었다. 앞서 지적한 대로 이런 모임을 자주 열어 열기를 북한 전역으로 퍼지게 할 것이다.

이 방면에 김정일은 프로급이며 북한을 자기 한 사람의 무릎 아래로 모이게 하는 것은 그리 어려운 일도 아니다. 그럴 자신이 있으니 이번 핵실험도 눈 하나 깜짝 안하고 누가 뭐래도 해대는 것이다. 그러나 김정일은 불안하다. 그의 주위를 살펴보자.

1991년 동구권이 무너지더니 철벽으로 믿고 있던 소련마저 없어져 버렸다. 크게 믿을 수밖에 없는 중국은 또 어떠한가? 모택동(毛澤東)동지가 있을 때만 해도 절대 믿을 수 있었는데 모택동은 1976년 9월 9일 사망하였다.

김정일의 전략을 연구하고 살펴보면 모택동의 영향을 많이 받은 것을 알 수 있다. 모택동은 전쟁과 정치와의 관계를 “정치는 피를 흘리지 않는 전쟁이며 전쟁은 피를 흘리는 정치다”라고 하였다. 김일성 김정일은 지금까지 정치 따로 전쟁 따로 가 아니라 모두 전쟁인 것이다. 정치를 반드시 전쟁과 연계시켜 전쟁하듯이 해오고 있는 것은 다 아는 공개된 사실이다. 또 정치적 승리를 위해 항상 전쟁을 담보물로 삼고 있으니 핵무장은 필수적인 것이다. 이번 핵실험도 이런 맥락에서 찾으면 쉬울 것이다.

모택동이 사망한 후 중국은 김정일이 상상도 못했고 전혀 짐작도 못한 그야말로 천지가 뒤바뀌는 변화가 일어났다. 등소평 동지가 들어오면서 미국과 문을 열어 제치더니 연이어 남한과도 교통이 시작되었다. 김정일은 "나 이제 큰일 났구나"하고 화들짝 놀랬을 것이다.

거기에서 그치지 않고 침략국이었던 일본과도 거래를 하고 더 나아가 전 세계에 문을 열고 거래하면서 돈맛에 젖어 어쩔 줄 모르더니 장쩌민, 후진타오 시대에 접어들어도 중국은 자본주의인지 사회주의인지 공산주의인지 미국의 형제국인지 평양에 갇혀있는 김정일로서는 알 수가 없게 되었다.

믿는 심복들을 중국에도 보내고 심지어 남한에도 보내보아도 들려오는 소식은 북한이 큰일 났다는 소식뿐이다. 왜냐하면 중국이 엄청나게 빠른 속도로 경제가 발전하고 있으며 몇 백억, 몇 천억, 몇 조원대의 부자와 재벌들이 생겨나고 미국의 공장, 일본의 공장 심지어 남한의 공장들과 백화점, 대형마트 등이 중국 천지를 뒤덮고 있으니 큰일이라는 것이다.

홍콩과 상해의 항구는 일본항구인지 미국부두인지를 분간할 수 없어 김정일로서는 좌왕우왕하게 되었다. 이러다가 중국이 자본주의 국가가 되어 "이거 북한을 버리는 것 아니냐"하며 불안이 극에 달해 몸이 쑤시게 되어 직접 중국을 가서 보아야 하겠다고 마음먹고 상해에 가서 '동방명주'빌딩에 올라 푸둥(浦東)지역을 내려다보고, 상해 항구를 내려다보니 자기도 모르게 이게 바로 "천지개벽이로구나"하고 정신이 나갈 뻔 했다.

지금의 중국은 김정일 하나만 껴안고 있을 수만은 없는 중국이다. 미국의 힘과 일본의 국력, 심지어 남한을 괄시할 수 없는 것이 오늘의 중국의 입장이다. 오히려 김정일을 버리고서라도 중국의 발전을 위하여 세계와 어깨동무를 하여야 할 처지이다. 그래서 이번에 UN 안보리 대북제재결의에서 북한을 봉쇄하자는 미국과 일본이 앞장서는 결의에 손을 들고 찬동하는 이변이 일어났다.

그래도 후진따오가 이끄는 중국은 김정일을 놓치기에는 아까운 것이다. 중국은 북한을 앞마당 정원쯤으로 생각한다. 북한이 있어야지 앞으로 미국과 일본과 러시아와의 관계에서 중국이 절대 유리하다고 보고 있고 또 한편 지금 당장 미국과 똑같이 김정일을 압박하기에는 중국의 입장에서는 그리 간단한 것만은 아니다. 과거를 돌아보면 혈맹의 동맹이 아직까지는 남아 있는 데… 하고 여러 가지 고민 끝에 UN 안보리 결의를 조금 완화시켜 김정일의 마지막 숨통을 남겨두는 중국의 절충안으로 손을 번쩍 들어 통과시켰다.

김정일이 기분은 나빴겠지만 그것은 자기 밖에 모르고 바깥세상을 모르는 탓이다. 이것이 바로 우물 안의 개구리라는 것이다. 아무튼 김정일은 중국만을 믿고 세월을 보낼 것이 아니라 내가 나를 지키자고 생각하여 핵무장의 결심을 핵실험으로 실행한 것으로 보인다.

그렇다면 러시아를 보기로 하자. 김일성·김정일 부자는 사실상 옛 소련이 모국이나 다를 바가 없다. 1945년 8월 15일 해방과 더불어 소련군정하에서 김일성이 북조선임시인민위원회 위원장이 되어 이를 시작으로 오늘에 이르렀고 소련의 지원과 지도하에 6·25전쟁까지 하며 무력통일을 이룰뻔한 것 등을 생각한다면 그 신세를 살아서는 다 갚을 수가 없는 것이다. 그리고 얼마 전까지만 해도 소련의 도움으로 북한을 지탱하여 왔다고 해도 과언이 아니다. 북한은 6·25 이전과 60년대만 하더라도 남한보다도 더 잘 살았다.

원래 공업시설이 잘 되어 있고, 수력 발전이 풍부하고 철 등 지하자원이 많아 잘 살 수 있는 조건이 남한보다 훨씬 좋았다. 그때까지만 해도 남한은 농토뿐이지 지하자원, 전기, 공장 등에서 북한에 훨씬 못 미치는 수준이었다. 북한은 사회주의 체제인데다 군사무기제조를 위한 중공업 위주의 정책으로 경공업이 쇠퇴해지고 주민생활도 어려워지면서 오늘의 북한이 되어 버렸다.

지난날 소련이 건재했을 때는 소위 '김일성 이중외교' 즉 '왔다리 갔다리 외교'로 소련과 중국을 잘 이용하여 그런대로 잘 살아왔다. 북한이 소련에 기울면 중국이 끌어당기고 중국에 기울면 소련이 끌어당기는 것을 교묘히 이용하여 용하게 잘 버텨왔다. 중국과 소련 모두 공산주의 국가로써 북한이 전략적으로 필요한 것을 김일성이 잘 이용하였다는 말이다. 그러나 지금의 러시아는 판이 달라졌다. 세계 1/6의 넓은 땅을 가지고 있으면서 경제적으로는 아직 서방세계에 훨씬 뒤쳐져 있다. 정치적으로도 옛 크레믈린의 말 한마디가 곧 법이던 공산주의 체제는 떠나간 뱃사공의 이야기가 되어 버렸다. 완전한 민주주의 국가로 확고하지는 않지만 대통령을 국민이 직접 선거로 뽑아 최고 권력을 맡기는 민주주의 질서가 시행되고 있는 나라이다. 그러니 러시아 대통령은 국가 경제발전을 서방국가들 수준으로 가능한 빨리 끌어 올리는 것이 정책 1순위라고 하겠다.

국민이 살기가 나빠지면 다음에 대통령선거에서 떨어지기 때문이다. 대통령을 유지하려면 경제를 발전시키고 국민의 여론이 좋아야 하며 인권이 보장되고 여가를 즐기는 서방세계의 물이 잔뜩 들어가는 국민들에게 한눈 팔 여유가 없는 나라이다. 이러니 대통령의 막강한 권력이 국민의 눈치를 안 볼 수가 없는 나라이다. 국민 여론이 나쁘면 대통령이라 하여도 마음대로 못하는 것이다.

가령 우리도 어려운 데 왜 북한 김정일을 돕느냐? 한다면 대통령은 위축을 받게 되어 있는 것이 오늘의 러시아이다. 공산당 1당 독재체제인 중국과는 전혀 다른 것이다. 김정일도 러시아가 옛날과 달라서 의지해 보려고 해도 마음이 불안할 것이다. 러시아의 경제는 중공업 제품인 첨단 무기 말고는 힘을 쓰는 것이 원유뿐이다.

이 원유 값이 천정부지로 오르게 되니까 요즈음 러시아가 신바람이 나 있지만 산업의 고른 발전은 경공업의 기술이며 역사적으로 보아서 시간이 필요하다. 지하자원 개발에도 자체적 기술과 능력보다 자본과 기술을 외국에 의존할 수밖에 없으며, 외국의 자본과 기술을 끌어 들이기 위해서 대 서방 경제 외교에 유연함을 보여야 하는 입장에 있다. 다시 말해서 러시아는 서방에 좀 더 개방의 폭을 넓히고 협력 체제를 유지하면서 대(大)러시아 발전을 이루어야 한다. 이런 것이 김정일과는 맞을 리가 없고 정치체제라는 입장에서 볼 때 러시아와는 점점 거리가 멀어져 가고 옛날 소련의 그리운 뒷모습은 가물가물 사라지고 있다.

북한 김정일은 러시아에서 설사 귀에 쏙 들어오는 말을 한다 해도 근본적으로 두 체제가 가는 길이 다르므로 그것을 그대로 믿을 수 없어 불안하다. 그리고 러시아와는 기본적으로 북한이 무엇을 공짜로 얻어올 수 없고 돈을 주어야 하는데 모두 경화로 값을 치루어야 하는 근본적 문제가 있어 러시아를 막연히 기댈 수 없는 옛날의 모국이 되었다. 김정일은 불안하고 믿을 곳이 없다.

중국과 러시아 모두 옛날 생각으로 동맹국, 우호국으로 타령만 할 수 없다는 것을 잘 아는 김정일로서는 지금도 이런 데 앞으로는 더 사이가 벌어질 지도 모른다는 불안에서 '나를 내가 지키자'는 결심으로 핵무장을 위한 핵실험을 했다고 하면 틀린 말이라고 할 수 없을 것이다.

결과적으로 급하면 중국과 소련을 의지하며 남조선 문

제를 풀어왔으며 북한의 배경국가로 의지하며 믿어 왔는데 시대변화에 절감한 김정일은 남쪽을 바라보면 휴전선 하나에 총부리를 맞대고 있는 현실에서 남한에 있는 미군을 생각하면 더 불안할 것이다. 김정일은 지금의 북한 상황을 볼 때, 조여 오는 국제환경을 극복하기 위해서는 내부적 결집이 그 어느 때보다도 절실하고 남쪽에 밀리지 않고 자기 권좌를 유지하려면 답이 핵무장 밖에 다른 길이 없다고 여겼을 것이다. 과연 김정일의 생각이 먹혀들겠는가?

지금 세계는 강한 나라든 작은 나라든 혼자 힘으로는 살아갈 수 없는 국제연합의 시대이다. 세계 여론에 밀리고 고립된다면 김정일이 믿고 있는 평양군중대회와 핵무기 전략도 결국 실패하고 손들고 말 것이다. 우리도 손놓고 있을 것이 아니라 손을 바삐 움직여야 한다. 그래서 우리를 지켜내야 한다.

북한은 일본하고 어떤 사이이며 김정일은 어떻게 생각하고 있을까? 다시 한 번 짚어 보면서 김정일의 불안한 심리를 엿보기로 하자. 사실은 북한도 일본에 대하여 기본적으로는 할 말이 많을 것이다. 36년 동안 북한지역도 일제의 침략으로 식민지하에 있었고 압제를 당하였으니 일본이 응분의 보상을 해 주어야 하는 데 김정일은 그 기회를 살리지 못하고 있다. 패전 후 일본은 일본인 특유의 기질을 발휘하여 엄청나게 경제 발전을 이룩하면서 국력을 키워 나갔다. 세계 2차 대전을 통해서 국력이 소진되었지만 일본으로서는 히로시마와 나가사끼의 원폭 피해말고는 본토의 피해는 거의 없었다.

인명피해보다는 산업시설의 피해가 없었다는 것이다. 전쟁으로 인해 피해는 있었지만 일본은 잘 견디어 냈다. 그리고 패전국답지 않게 정치제도도 혁명이 아닌 절차상 큰 혼란없이 오늘의 의회주의를 채택하여 정부권력을 내각제로 유지하면서 상징적으로 천황제를 그대로 두고 비교적 안정적으로 정국이 이어져 왔고 급속한 발전을 이루어 왔다. 그리하여 지금은 세계 제2의 경제대국으로 부상하였고 국제무대에서 패전국에 걸맞지 않게 영향력 있는 위치를 지키고 있는 것이 현실이다.

대북문제에서 일본이 골치 아픈 것은 조총련일 것이다. 조총련은 북한의 김일성 주체사상인 혁명 전략을 전파하는 국제적인 전초기지로서 일본 자체 내는 물론 남한과 미국을 향한 공작기지로 활동하고 있으니 문제가 야기될 때마다 일본으로서는 긴장할 수박에 없다.

육영수 여사 시해사건이 발생했을 때도 조총련이 공작하였으니 남의 나라 일에 일본이 당사자처럼 되어 땀을 흘려야 되는 등 신경 쓸 일이 제법 많다. 근자에 들어와서는 일본인 납치문제, 북송 일본인 처와 가족문제, 위조담배, 마약밀수, 무기전용 가능한 기자재, 심지어 미사일 핵과도 연계될 수 있는 고도의 정밀제품의 유출 등 북한과 관련되어 있는 일이 바로 일본의 안보와 사회 안정과 밀접한 연관이 있다고 보고 말초신경을 곤두세우고 있다. 그리고 일본정부와 국민은 비록 동해를 사이에 두고는 있지만 해상 경계선이 북한과 국경을 이루고 있어서 직접 당사자인 셈이다. 그리고 사정거리 1,000km 이상의 대포동 1호 등을 북한이 개발하여 강원도 기지 등에 배치하고 있는 시점에서는 단순한 경계 대상이 아니라 군사적으로는 잠재적 적국으로 간주할 수밖에 없다.

자기들이 일으킨 세계 2차 대전이었지만 패전으로 인한 피해를 직접 맛보았고, 세계 역사상 처음 핵폭탄 피해국이므로 북한의 미사일, 핵실험 등에도 초긴장을 넘어서 전시 대비태세를 방불케 하는 소란을 피우고 있다. 그리고 일본과 북한은 정치체제에서도 자본주의와 사회주의의 정반대의 체제적 갈등이 바탕에 깔려 있다는 점에도 유의해야 될 것이다. 어쨌든 일본과 북한은 상극적 제한선을 넘어서 아슬아슬한 관계라고 해야 할 것 같다.

이런 가운데 2006년 7월 5일 미사일 발사 사태와 2005년 2월 10일 북한의 핵보유 외무성 발표에다 2006년 10월 9일 핵실험은 일본으로서는 흥분과 긴장을 동시에 발산하는 행동으로 나오고 있다. 일본은 6자 회담 참여국이며 직접 당사자라는 입장에서 대응태세를 취하고 있으며 북한핵 제재 UN 결의안을 안보리 의장국으로서 주도했을 뿐 아니라 단독으로 UN 결의를 넘어서는 초강경 태세를 취하고 있다.

그리고 일본은 언제든 90일 내에 핵무기를 만들 수 있는 4.5톤의 플루토늄과 제조기술을 보유하고 있으니 이때를 본격적인 핵무장과 군사대국의 기회로 활용하기 위한 복합적인 배경으로 대북 초 강경책이 예상되는 상황이라 하겠다.

이렇게 진단하여 볼 때 북한의 국제적인 다목적 창구가 잠기게 됨으로써 김정일은 겉으로는 큰 소리치고 있지만 속으로는 긴장되고 불안하기까지 할 것이다. 이 불안이 불안으로 끝나는 것이 아니라 실제 북한이 차지하고 있는 교역에서 볼 때 상당히 북한의 목을 조일 수도 있다. 어찌보면 중국, 러시아 못지않게 일본과의 교역이 끊김으로 인한 고통이 예상 외로 파장이 클 수 있다.

향후 북한의 조총련 관리와 맞물려 대외 전략의 차질이 불가피할 것으로 예상된다. 아무튼 이런 일본과 북한과의 정면 충돌적 사태 진전은 김정일의 권좌에 부정적 영향을 끼치는 불안 요인이 될 것만은 확실해 보인다. 김정일은 세계와 더불어 살아야하는 지금의 시대를 너무도 북한식으로 김정일식으로 생각하여 아무래도 오판하는 것 같아 답답한 마음이 조여오고 있음을 느낀다.

그러면 남한과 북한과의 관계에서 김정일의 불안요인을 살펴보자. 기본적으로 남한은 민주주의와 시장경제를 하는 개방된 체제이고 북한 김정일 체제는 사회주의를 모방한 김일성 주체사상에 의한 획일적인 전체주의 체제에서 출발하는 기본 뿌리에서부터 융합이 안 되는 간격이 벌어져 있다. 또 6·25라는 동족상잔의 참혹한 아픔을 아직까지는 씻어 버리지 못하고 있다.

지금 남한은 북한으로 인하여 반미, 친북세력들이 조직화되어 국론을 분열시키고 사회혼란을 일으키는 상황에까지 이르고 있다. 북한 역시 꽁꽁 잠겨있는 폐쇄사회라고는 하지만 남한의 민주주의 개방사회 물결과 세계 10위권 경제 규모로 발전한 물결이 파도를 타고 알게 모르게 북에 조금씩은 스며들어 북한의 사회 불안의 불씨가 되고 있다. 그래서 자유가 있고 잘사는 남한으로 넘어가서 살자고 하는 것이 북한 사회를 잔잔하게나마 흔들고 있는 것이 현실이다.

그리하여 하나 밖에 없는 목숨을 걸고 두만강을 건너 중국으로 들어가서 오랜 기간 가시밭길을 헤치면서 남한 대사관이나 영사관의 담을 뛰어 넘고 있으며 망명을 요청하는 처절한 사태가 벌어지고 있다. 미국 등 서방국가들의 외교공관들도 비슷한 상황이고 오늘도 필사의 탈출이 계속되고 있다. 따라서 남북한 모두가 휴전선에서 전투가 없을 뿐이지 보이지 않는 정치적인 전쟁이 바람을 타고 강물을 타고 진행되고 있다고 하는 것이 맞는 말이다. 남북교류에서도 남한의 지원이 어찌됐던 북한의 체면과 위신을 떨어지게 하는 것은 사실이지만 김정일 특유의 통제수단으로 북한 내에서 소요까지는 일어나지 않을 뿐이다.

문제는 김정일의 북한은 남한의 모든 지원과 협력을 자기에게 바치는 조공쯤으로 착각하고 있다면 오히려 오판의 빌미가 될 수도 있을 것이라는 점이다. 그리고 남북은 248㎞휴전선을 사이에 두고 중무장한 병력이 대치하고 있다는 점은 남북 교류만으로는 해결할 수 없는 남북 간의 근본적 문제이다.

북한의 끈질긴 미군철수 주장은 북한의 군사력으로는 한미연합군을 상대하여 이길 수 없다는 것이고 미군이 철수하여 혼자 남게 되는 남한의 군대는 자신 있게 제압할 수 있다는 데에서 나오는 북한의 전략적 계산이다. 김정일의 기본전략은 어떻든 막강한 군사적 힘의 우위로 남한을 위협하고 압박하면서 남조선혁명 완수의 결정적 기회를 만들자는 것이다.

김정일은 특유의 배짱으로 지금까지는 표정하나 변하지 않고 대내외적으로 큰 소리치고 있지만 매일매일 흘러가고 있는 시간은 자기편이 아니라고 생각하는 것이다.

중국과 러시아는 지금 정도로만 머물러 있어도 모르겠는데 너무 빠른 속도로 변하고 있다.

남한 역시 어떤 정부가 들어서도 후퇴하지 않고 발전하고 있다.

미국과 일본은 북한으로서는 어떻게 할 수 없는 선진대국이다.

북한 내부는 억지로 끌어가고는 있지만 인민들이 먹고 살기에도 급급한 형편을 볼 때 김정일로서는 인민군 최고사령관, 노동당 총서기, 국방위원장 등 빛나는 이름으로 절대 권력을 가지고 있지만 불안하기 짝이 없다.

미국과 북한은 중국, 러시아, 일본, 남한 등과 같이 국경을 맞대고 있는 것도 아니고, 태평양 건너 멀리에 있는 나라이니 지정학적으로 보면 직접적 대결의 이유가 없다고 할 수 있다. 그러나 6·25 사변 때 UN군의 깃발을 들고 한국전에 참전하여 북한과 싸울 때부터 대결의 인연이 시작되었다고 본다. 그 때 한국군과 미군 역시 북한 인민군의 지원 병력으로 참전한 중공군하고 싸운 것은 마찬가지였다.

그런데 한국은 중국하고는 서로 아픈 상처를 묻어 두고 지금 국교를 정상화하고 경제교류를 활발히 하고 있으며, 인적교류를 넘어 이웃처럼 지내고 있다. 미국과 중국과도 양국 체제의 한계를 넘어 국교를 정상화하고 경제, 정치 분야에서 협력관계를 유지하고 있다. 유독 북한과 미국과는 원수의 관계가 좀처럼 사그러들지 않고 더 벌어지고 있다.

6·25 사변 이후 앞서 지적한 대로 온 역량을 총 집중하여 미 제국주의 타도, 원수 미국놈을 입에 달고 있다. 얼마나 미국을 원수로 생각하고 있는가? 1976년 8월 18일 판문점 도끼만행 사건으로 짐작할 수 있다.

이 날 아침 판문점 공동경비구역 안에서 나뭇가지치기를 하고 있던 미군장교 두 명을 도끼로 쳐서 살해한 사건이 일어났다. 아무리 적이라도 너무나도 끔찍하고 소름끼치는 일이다. 평소 어떤 교육을 받았길래 눈앞에서 산 사람을 짐승 잡듯이 도끼로 죽일 수 있을까를 생각해보면 북한의 원수 미국놈 때려잡기 교육의 정도를 짐작할 수 있겠다.

6·25 사변 때의 싸움으로 인한 원한 때문으로 여기기에는 너무나도 끈질기고 포악하게 계속되고 있으며 지금은 오히려 더 심하게 미 제국주의 타도를 외치고 있는 것이다. 북한의 모든 역량을 집중하여 반미를 주장하고 있다. 이것은 틀림없이 남한에 미군이 주둔하고 있기 때문일 것이다.

북한이 변하지 않고 끈질기게 반미노선과 미군철수를 주장하는 근본적 이유는 소위 김일성의 6·25 통일전쟁 때 미군만 들어오지 않았더라면 김일성의 목적이 단숨에 달성될 수 있었는데 그 놈의 미군 때문에 낙동강에서 밀려났다는 원한 때문인 것이다.

북한은 참으로 견디기 어려운 속에서도 120만의 너무나도 많은 군대를 만들고 유지하고 미사일, 대량 살상무기인 화학, 생물무기까지 만들어 휴전선 가까이 배치하고 있다. 미사일 등 그 많은 무기들을 들여오고 만드는데 허리가 휘고 힘이 다 빠져 숨이 막힐 지경인데도 참고 또 참으며 인민군대를 키우고 유지하고 있다.

그러면서 남조선혁명의 결정적 시기를 기다리고 있는데 미군이 나갈 생각은 안하고 계속 주둔하고 있는 것이 눈의 가시이다. 이 가시를 뽑아 버리기 위하여 50년 넘게 반미, 미군철수만을 독경하듯이 외우고 있다. 남한에서 지금 벌어지고 있는 상황을 살펴보자.

거의 직업적으로 반미 하는 세력들은 조직적으로 동두천에서도 미군 나가라, 용산에서도 나가라고 하면서 전국의 미군기지에서 시위로 칼날을 세우더니, 한·미 정부의 합의로 옮겨가는 평택에서도 미군 못 들어온다고 가로막고 있다. 그뿐인가, 미 공군의 사격장 없애라, 군산의 사격장 설치 못한다, 심지어 미군 훈련을 방해하기 위하여 광주에서는 미군부대 철조망을 넘고 들어가서 미군 물러가라고 외치며 싸움을 벌이고 있다.

이것이 순수한 한국인의 마음으로 민족의 기개를 높이는 일이라면 이해가 되는 부분이 있을 수도 있겠지만 이미 우리 대법원에서 이적 단체로 최종판결이 난 단체들이 거의 상시적으로 반미 현장에 나타나고 있으니 아무래도 북한과 연결되지 않았나? 많은 사람들이 의심의 눈초리를 밝히고 있는 것이다.

이제 시위는 미군만이 아니고 미국글자가 들어간 모든 문제에는 모두 나서서 어린 경찰과 죽창, 쇠파이프 등으로 격렬한 싸움판을 벌이고 있는 것이다. 설사 이런 조직들이 순수한 국민감정으로 미국 나가라, 미군 물러가라 하더라도 북한의 김정일은 이것을 절대로 놓치지 않는다. 조금만 더 힘을 쓰면 저 남한에서 일어나고 있는 반미 세력들을 뿌리 내리게 하고 크게 만들면 그야말로 50년 한의 결정적 시기가 올 것이 아닌가, 오판할 수 있다는 데에 있다.

김정일은 자기의 꿈꾸던 일이 남한에서 버젓이 일어나고 있으니 '잘 참고 인민군대를 막강하게 잘 키워 놨다'하고 가슴을 쓸어내리면서 '살 길이 열리고 있구나'하며 쾌재를 부르고 있을 것이다. 끈질긴 미군철수 주장은 바로 북한 김정일을 돕는 것이라고 할 수밖에 없을 것이다.

미군철수가 이루어지면 북한의 무력으로 남한을 단숨에 쓸어버리고 남반부 혁명을 완수할 수 있다는 망상과 과신이 한반도 평화를 어지럽히고 있다.

그러나 북한 김정일은 미군이 줄어들고는 있지만 계속

주둔하고 있으니 불안한 것이다. 미국이 보통 나라인가, 세계 모든 나라들이 쓰고 있는 총 군사비의 51%를 투입하고 있는 세계 최대의 군사대국이요, 세계 제일의 경제대국을 북한 김정일이 불안해하는 것은 당연하다고 하겠다.

4. 독재자의 고민

김정일의 고민을 살펴보기로 하자.

한마디로 세계가 빠르게 앞으로 나아가고 있는데 북한은 제자리걸음에 머물러 있다는 것이고 오히려 사는 형편이 후퇴하고 있다는 것이 고민이다. 그리고 김일성 주체사상, 노동당 규약 등을 내세우며 앞에서 끌고 뒤에서 채찍질해도 주체경제는 살아나지 않고 중국과 남한에서 얻어먹어야 연명한다는 판이고 인민군대에게 다그치는 훈련만으로는 무기가 고철이 되어가는 것을 막을 길이 없고 인민들에게 더욱 굳게 뭉치자고 아무리 고함쳐도 뭉칠 힘이 남아있지 않아 더 이상은 일어나지 못하고 흔들거리고 있으며 쓰러지고 있는 상황이라고 할 수 있겠다.

그렇다고 힘을 못내는 인민들을 모두 다 수용소에 잡아가둘 수도 없는 노릇이고, 눈치만 보고 있는 사람들을 모두 숙청이라는 이름으로 죽일 수도 없는 일이니 이것이 큰 고민인 것이다. 이렇게 북한이 처한 모든 상황들을 무조건 하던 대로 배짱으로 밀어붙일 일도 아니고 특유의 포악한 성격으로 쓸어버릴 수도 없는 막다른 갈림길에서 헤매던 차에 큰 결심을 하게 되었다.

이것 하나만 있으면 인민군대를 사기와 자신감으로 달아오르게 하고 인민들에게 이제 마지막으로 없는 힘을 짜낼 수 있는 한방이겠구나 하는 것이 2005년 2월 10일 핵보유 선언이다.

북한은 세계 여론이 들끓고 남한의 국민과 정부가 뒤집어질 줄 알았더니 생각대로 큰 소동이 일어나지 않았다. 북한이 과연 진짜 핵무기를 가졌겠느냐? 아마도 대미 협상용일 것이며 6자회담 관련국들에게 최종 압박을 가하는 김정일 특유의 벼랑끝 전술(Brinkmanship tactics)일 것이다.

핵실험도 하지 않았는데 핵무기를 제조했다는 것은 믿을 수 없다는 등 관련국들은 비교적 냉담했다. 북한의 의도대로 끌려오지 않았다. 오히려 미국은 위조달러, 마약밀매 등 불법자금을 유통시킨다고 금융제재까지 가하는 것이다. 도리어 핵보유 선언으로 북한은 궁지에 몰리고 체면까지 상하게 되어 2006년 7월 5일 미사일을 발사하여 또다시 긴장을 조성하려 하였으나 결과는 오히려 유엔 안보리결의 1695호 제재를 당하게 된다.

더욱이 이 결의에 중국과 러시아도 찬동하니 북한 김정

일로서는 중국도 러시아도 다 소용없다는 절망감 속에서 그렇다면 내 길은 내가 가겠다는 최후 결심으로 2006년 10월 9일 드디어 핵실험을 하게 된 것이다. 김정일의 생각은 50년 전부터 마음먹었던 그대로 배짱으로 밀어붙여 끝까지 가겠다는 최종 승부수를 던진 것이다. 이 마당에 중국과 러시아의 눈치를 보는 것은 오히려 내 갈 길을 멈추고 여기에서 주저앉게 된다는 갈림길에서 핵실험 카드를 꺼내들었다.

이리하여 김정일은 복잡하게 얽혀있는 북한의 딜레마를 결정적인 핵 한방으로 해결하기 위하여 막다른 골목에서 탈출하려는 몸부림을 치고 있는 것이라 하겠다. 김정일은 많은 고민으로 싸여 있다. 북한과 같은 오로지 한 사람에게 좌지우지되는 1인 세습독재 체제에서는 후계자 문제가 정권안정에 상당한 영향을 미친다.

김일성도 주체사상이란 종교적인 경전으로 신권통치를 흔들림 없이 펼칠 수 있었지만, 일찍부터 후계자를 확정하였기에 권력에 대한 잡음을 잠재우고 자기 정치철학의 계속성이 담보되었던 것이다.

1973년부터 큰 아들 김정일이 후계자로 등장됨으로써 김정일 자신의 형제간의 권력 다툼과 아들들 간의 갈등이나 암투가 일찍부터 조정이 되었다. 특히 김정일 형제들은 이복형제들이고 김일성의 후처 김성애(83)가 생존하고 있고 상당한 사회적 위치까지 차지하고 있었던 점으로 보아 자식들 간 권력 투쟁의 씨가 뿌려져 있었는데도 일찍 김정일로 확정되는 바람에 김일성의 권력 후계문제로 인한 불안은 전혀 문제없이 안정이 이어졌던 것이다.

김정일 역시 일찍 후계자 수업을 받으면서 무려 21년이라는 긴 세월동안 아버지 김일성이 사망할 때까지 자기의 장차 권력승계기반을 구축하였으며 김일성 독재의 맛과 색깔을 온 몸에 칠할 수가 있었다.

그리하여 아버지 김일성이 갑자기 사망하였음에도 빈 공간의 위험을 참으로 빈틈없이 순탄하게 극복하면서 오늘에 이르게 된 것이다. 그런 점에 비추어 볼 때 지금은 상황이 전혀 다른 것이다.

한마디로 김정일의 후계체제는 오리무중으로 표현되기에는 너무 불안하고 김정일로서는 꽤나 고민이 되는 대목이다. 아직도 이복동생들이 해외에서 맴돌고 있기는 하나 김평일(54) 등이 건재하고 있으며 김정일은 여성편력이 아주 복잡하여 여러 명의 자녀들이 있으나 후계자로 부각되고 있는 것은 김정남(36), 김정철(27), 김정운(23) 등 세 아들들이다. 김정남과 김정철, 김정운은 이복형제간이고 나이와 성격 차이 등이 심할 뿐 아니라 형성되어 있는 인맥으로 볼 때 후계 암투가 본격적으로 벌어지게 된다면 갈등을 넘어 심각한 상태로 전개되면서 권력 자체가 후계 문제로 인하여 흔들리거나 사태에 따라서는 수습하기 어려운 지경에 이를 수도 있다.

김정일은 32세 때 일찍 후계체제가 마무리되어 권력의 안정을 이루었던 것에 비하면 지금의 상황은 너무도 불안정한 상태이다. 이것이 김정일의 권좌 유지에도 큰 불안으로 작용하고 있는 것은 숨길 수 없다. 그리고 김정일은 키 165cm 몸무게 85kg으로서 지나친 복부비만이 TV에서도 뚜렷하게 볼 수 있다. 한국 같았으면 배의 기름살 뺀다고 생난리가 났을 텐데 북한에서는 '친애하는 김정일 동지'에게 배가 너무 나왔으니 큰일입니다 하는 말도 못하는 모양이다. 무조건 "네, 네"만 하니 눈앞에 보이는 것도 말할 수 없으며 말하지 않는 것이 최고의 보신책이 아닌가 여겨진다. 여하간 이상한 나라임에는 틀림이 없어 보인다. 김정일의 건강은 별로 좋지 않은 것으로 알려져 있다.

다시 김정일의 후계자 문제를 마무리한다면 후계문제는 김정일 세습 절대권좌를 흔들 수 있는 큰 요인으로서 상황에 따라서는 요동치는 파장이 엄청나게 클 수도 있다.

따라서 김정일로서는 누구를 지정하느냐도 아주 어려운 문제이지만 이제 세월과 세상이 달라져 있다는 것이다. 아무리 김일성의 신과 같은 권력도 아들인 김정일 자기 대까지는 몰으겠으나 손자 대까지 간다면 세계여론과 특히 북한 내에서조차 순탄하게 받아 들여 지겠나, 등 의문이 큰 문제로 등장될 것이 너무나도 뻔한 일이다.

이로 인하여 인민군대가 흔들리고 당이 분열되고 민심이 돌아선다면 김정일 권력 자체마저도 뿌리가 흔들리게 될 수도 있다. 그래서 김정일은 지금까지 용단을 못내리고 고민을 풀지 못하고 있다. 더욱이 북한체제는 온갖 이상한 말을 총 동원하여 꾸며낸 김일성 주체사상의 독재권좌인데 손자 대까지 해먹어야 되겠다면 우선 나라이름부터 바꿔야 할 것이다. '조선민주주의인민공화국'의 최소한 민주주의 그리고 인민을 빼고서야 후계니 아니니를 따져야 할 것이기 때문이다.

세계가 밝아지고, 투명해지고 한 동네처럼 좁아졌고, 번갯불보다도 빠르게 움직이는 세상이 되었고, 좌파 정권의 나라에서도 대통령을 국민이 직접 선출하고, 공산주의 중국에서도 공산당의 엄격한 규정에 따라 권력을 선출하여 바꾸고 있는데 아무리 막무가내 정권이라도 혼자서는 못살아나가는 지금의 세계의 벽을 김정일 혼자만의 배짱으로 발로 차서 허물 수는 없을 것이다. 우선 사회주의나라에서 먼저 등을 돌려 왕따가 되고 말 것이다.

참으로 북한 김정일도 생각해보면 그리 편안한 잠을 잘 수만은 없는 고민의 보따리로 잠을 뒤척이고 있을 것이다. 1942년생인 김정일은 날씬하지도 않고 건강이 좋은 것도 아닌데 만에 하나 갑자기 변고라도 생긴다고 했을 때는 선군정치로도 수습하기 어려운 난리에 가까운 사태를 점쳐볼 수도 있다. 김일성, 김정일 체제가 막을 내리는 최악의 정변에 휘말릴 수도 있다. 한편 김정일은 지금의 북한체제를 자기 대까지는 겨우 끌고 갈수 있겠으나 과연 다음 아들대까지 계속될 수 있을까? 큰 고민일 것이다. 그래서 남조선해방은 자기 살아 있을 때 끝내려고 서두를 것이다.

8장 핵무기 완성의 절박성

조급한 핵무기 한방

강하면 부러지오

세상천지 바꿀 수 없네

아서라! 선군정치

그만 둘지니

내가 먼저

가는 것 알지어다.

8장
핵무기 완성의 절박성

1. 김정일의 초조한 마음

지금까지 김정일의 모든 것을 짚어 보니 김정일은 어려움을 하나하나 차근차근 풀어갈 시간과 여유가 없어 보인다. 이 모든 것을 한꺼번에 한 방으로 해결하여 자기 생명과 권좌를 연명하기 위하여 운명을 걸고 한판 승부를 걸어야 하겠다는 결심을 하였을 것이다.

김정일의 도박은 이제 본격적으로 시작 되었다. 그것이 이번에 "핵을 가졌다, 증명해 보이겠다"고 하는 핵실험 이다.

북한 김정일의 핵도박은 앞으로 1-2년이 절정기를 이룰 것이다.

미국 공화당의 중간선거 패배와 남한의 2007년 대통령 선거는 북한 김정일을 바쁘게 만들고 있다. 북한 김정일은 이제 핵무장을 하였으니 가만히 있을 수는 없는 것이고, 무엇을 보여 주어야 할 입장이다. 핵무장을 하고도 1-2년을 별 성과 없이 지나간다면 김정일의 절대권좌는 내리막길을 걷다가 끝내는 위기를 맞게 될 것이다. 지금 김정일은 숨 쉬는 구멍이 두 개가 있다면 하나는 중국이고, 하나는 남한인데 모두가 막힐 수도 있어 보이니 사실은 불안하고 초조한 심정이다.

중국이 지금은 든든한 자기편이지만 언제 미국과의 관계가 급변하여 목을 조일지 알 수 없으며, 남한은 이번 대선에서 당선되는 대통령이 이것저것 따지고 나온다면 겨우 숨 쉬고 있는 숨구멍이 모두 막혀 질식사할 수도 있다는 생각을 하면 좌불안석이다.

그렇다고 러시아와 일본이 대신 숨을 쉬게 해 주기에는 가능성이 없어 보인다. 따라서 이번 남한의 대통령선거에 일대 모험을 걸 것이며, 최소한 지금의 햇볕정책과 포용정책만은 계속 될 수 있도록 대남 공작망을 총 가동할 것이다.

가령 남·북 정상회담을 통한 극적인 정치 쇼(show)를 연출할 수 있을 것이고, 선전, 협박, 심리전, 테러, 무력시위 등 모든 수단을 동원하려 들 것이다.

그러나 대선이 북한 의도에 어긋났을 때에는 미국과의 일대 결전을 벌일 것이다. 2차 3차 핵실험, 무력 도발, ICBM 발사, 미국의 최종 금지선인 핵물질 이전 강행 등 최후의 카드를 꺼내들면서 미국을 공략할 것이다. 그리하여 북·미 비밀회담에서 미군철수를 이끌어 내려고 진짜 벼랑끝 전술을 쓸 것이다. 이것의 성공여부가 김정일의 운명일 것이다. 실패하면 우선 북한 내부 세력에 의해 거세 될 것이며, 중국, 한국, 미국, 일본, 러시아의 새로운 공동전선에 의해서도 제거되고야 말 것이다.

앞으로 1~2년은 한반도의 운명의 파도가 요동칠 것으로 판단된다. 우리 정부와 국민은 모든 경우에 완벽한 대비로 큰 파도를 뚫고 우리의 대한민국을 지켜내고 통일한국의 내일을 열어 가야 한다.

그런데 일부에서는 북한이 강원도 금강산 관광을 위하여 해군 잠수함 기지인 '장전항'을 옮기면서 온정각을 짓게 하였고, 개성의 군부대를 이전하면서까지 남한에서 공단을 조성하였다고 설명하면서 북한이 그만큼 남한에 대한 군사적 위협을 뒤로 물린 것이라고 한다.

그리고 그 자리에는 주로 남한 사람들이 관광을 하고 또 공장을 지어 북한 사람들이 일하고 있는 것은 그간의 '햇볕정책' '포용정책'의 큰 성과라고 설명한다. 이것이 남북 민족화해와 교류협력의 창구이며, 평화통일의 길을 열고 전쟁을 막는 대북정책의 상징이라고 말한다.

이런 설명과 뜻에 필자는 일리 있는 말일 수도 있다고 생각하나 그렇게만 생각할 수 없는 중요한 내용이 있다고 생각한다. 북한의 진짜 속마음을 어떻게 그렇게 간단하게 말할 수 있단 말인가?

다른 각도에서 깊이 생각하고 분석해 보면 전혀 다른 결론에 도달할 수도 있다. 개성공단과 금강산 관광을 하자 말자는 선택의 문제를 말하고자 하는 것이 아니라 이러한 분석을 할 수도 있으니 계속하더라도 모든 가능성을 알아야 한다는 것이며 우리의 생각을 더 빈틈없이 하자는 논리적 측면에서 짚어본다.

남북한이 오랜 세월 닫혀있던 문이 일부나마 열리는 것에 의미를 두는 것은 옳은 말이다. 이것마저 UN안보리 결의로 닫혀 버리면 그나마 남북교류의 물꼬 자체가 막혀 버린다는 말에도 이론(異論)을 달기 힘들 것이다. 남북대화의 실질적 창구가 막히고 남북 교류 사업의 상징이 사라진다는 말에도 쉽게 반대가 없을 것이다.

그러나 북한이 금강산과 개성의 군사기지와 군사시설을 뒤로 빼주면서까지 남북교류를 한다는 데는 과연 그런 것인가? 남북문제를 그렇게 쉽게, 단순하게 말할 수 있을까? 하는 의문으로 깊은 생각에 잠긴다. 북한은 지금 인민군대를 최강으로 만들어 앞세우며 강성대국을 만들고 있는 중이다. 다시 말해서 인민군대가 주체가 되는 강력한 군사대국을 만들고 있다. 그렇다면 절대로 인민군대를 약화시키는 일은 누구도 할 수 없는 것이다.

아무리 김정일이라 하더라도 인민군이 있던 요새에 남한 사람, 서양 사람들이 들락거리고 개성공단에서 공장을 짓고 북한사람을 접촉하는 일을 인민군대가 수락한다면 그 같은 인민군대로 강성대국 만들기에는 번지수가 먼 것이다. 그렇다면 북한 깊숙이 공장 짓고 관광할 수 있게 하는 데는 무슨 사정과 곡절과 계략과 그 보다 더한 것을 얻어야 하는 절박한 사정이 있지 않을까? 생각해 볼 수 있는 일이다.

북한이 정말 우리 남한과 같이 순수하게 평화통일을 위하여 같은 민족으로서 민족공조와 민족화해를 하려는 대의를 위하여 어렵게 인민군대 기지와 시설을 양보한 것이 확인된다면 의심할 필요가 없다.

그러나 여러 번 지적한 바와 같이 그렇게 볼 수만은 없다는 것은 지금까지의 상황으로 볼 때 다 밝혀지고 있는 사실이다.

더욱이 북한의 고도의 숨은 계략을 우리 혼자만 꿈꾸듯이 인민군대를 그만큼 뒤로 물렸다는 평화로운 생각에 잠겨 있을 남북현실이 아니지 않느냐는 것이다. 또 그렇게 단순하게 생각할 문제가 아니며 그런 이유로 금강산, 개

성공단사업을 계속해야 한다면 국민들이 그 말에 수긍이 가겠는가 말이다. 따라서 북한의 이면 속내를 알아보아야 한다.

김정일과 인민군대는 그렇게 중요한 군사 기지를 내주고서라도 진정 무엇을 얻으려는 절박한 사정이 있을까? 북한은 모든 것을 동원하여 핵무기를 개발하고 있다. 2006년 10월 9일 핵실험까지 마쳤다. 벌써 50년 전부터 핵개발을 누가 뭐라고 해도 멈추지 않고 해왔다. 경제는 인민들이 살 수 없을 정도로 바닥이다.

어떤 수단을 총동원 하여서라도 돈을 벌어야 하는데 달러위조, 마약 밀매 등으로도 한계가 있어 담배까지 위조했다고 하는데 미국을 비롯한 관계국들의 감시에 막혀 그것도 계획대로 안 되고 있다.

북한의 김정일의 입장에서는 핵개발은 어떠한 난관이 있어도 해야 되는 지상과제요, 희망인데 이것을 위하여 어떤 일이라도 해야 한다.

이렇게 생각한다면 장전항 잠수함 기지를 내주는 문제는 참기 어렵지만 핵실험이라는 더 큰 목표를 위하여, 더 큰 이익을 위하여, 그보다 작은 것은 내놓는 것이 모든 사업의 이치이다. 개성 공단사업도 마찬가지이다. 이번 실험용 핵폭탄 1발에도 제조에서 발파까지 약 3조원~8조원 가량의 돈이 든다니, 우리나라 화폐의 가치로도 어마어마한 천문학적 금액이다. 하물며 GDP(국민총생산)가 우리나라의 몇십분의 일밖에 안되는 극빈국인 북한에서는 그 많은 돈을 벌어서는 어려울 것이 뻔한 노릇이다. 따라서 손쉽게 돈을 벌 수 있는 금강산, 개성공단 내주는 것은 그렇게 해결 못할 어려운 일이 아니다라는 해석을 한다면 보통 남한에서 장사하는 사람 정도는 어렵지 않게 생각할 수 있는 일이다.

이것이 북한의 계략이었다면 우리는 지금까지 핵무기 만들어 핵실험하라고 돈 대주는 역할 하면서 남북한 군사적 대치가 완화되었다고 하는 것은 아닌지 한번 생각해보자는 것이다.

이 나라에 사는 국민은 모두 다 자기의 생명이 귀중하다. 잘난 사람, 못난 사람, 재산이 많이 있건 적게 있건 모두 다 자기 귀한 맛에 산다. 이런 국민을 거느린 것이 국가 경영자들이기 때문에 이런 분석에도 귀를 기울여 조금의 실수도 없었으면 하는 마음 간절하다.

우리나라를 지키는 안전보장에는 설마, 만약, 혹시, 아마도, 나름대로 라는 말이 통할 수 없으며 통해서도 안 된다.

오로지 만약을 대비하는 완벽하고 철저한 빈틈없는 말

과 행동이 필요하다. 만일의 경우를 위하여 단 1%라도 안보의 구멍이 예상된다면 그것을 대비하고 막아야 한다. 그래야 대한민국을 지킬 수 있기 때문이다.

2. 한방으로 해결할 수 있다는 망상

김정일은 핵을 만들어 실험하였다. 그 아까운 몇 조원의 많은 돈을 들여가면서 말이다. 무엇이 그렇게 절박했을까? 이미 위의 여러 장에서 되풀이하였지만 마무리하는 의미에서 다른 시각으로 살펴본다.

김정일은 왜 이렇게 악착같이 핵에 매달릴까? 소련의 붕괴로 1990년을 전후해서 김일성과 잘 통하는 사람이 있다면 루마니아의 차우체슈크, 동독의 호네커라고 볼 수 있다. 이들은 주체사상만 없었지 김일성 버금가는 막강한 독재자였다.

김일성, 김정일 시각에서는 그들의 권력은 죽을 때까지 절대 불변할 것으로 생각하였으나 하루아침의 비참한 최후를 맞는 것을 보니 남의 일이 아니구나하고 하늘이 무너져 내리는 절망을 지금까지도 잊지 못할 것이다. 김정일은 나는 무너지지 않으리라 혀를 깨물며 이빨을 갈며 몇 번이고 몇 번이고 다짐하였으리라 여겨진다.

과연 나는 안전할 수 있을까를 생각하면서 주위를 돌아보니 더욱 절박하게 움직이고 있는 것이다. 철석보다 더 믿고 있던 혈맹국인 중국이 너무 많이 변하고 있다. 모택동에서 시작하여 화국봉, 덩샤오핑, 짱쩌민, 후진타오에 이르면서 예상하지 못했던 변화가 일어나는데 이 변화의 속도나 모습이 김정일이 말했듯이 '천지개벽'처럼 세상을 온통 바꾸고 있는 것이다.

김정일로 보아서는 중국의 앞날을 도대체 짐작조차 할 수 없다. 그런데 중국지도자가 조금이라도 젊은 사람으로 바뀔 때마다 더욱 빠르게 변하고 있으니 이러다가 언제 갑자기 소련의 미하일 고르바초프 같은 사람이 나타날지 누가 알겠는가까지 생각하니 앞이 캄캄해 진다.

미하일 고르바초프도 철저한 공산주의자였는데 소련의 권력을 쥐고 난 후 살펴보니, 세계 최대의 땅덩어리는 차지하고 있으나 경제력은 미국의 1/4이고 이대로는 미국과 서방세계와 으르렁거리며 무기만 가지고는 살아갈 수 없다는 것을 깨닫게 되었다. 미국은 1983년 3월 23일 제40대 대통령 레이건이 몇 천억 달러를 투입하는 SDI계획(일명 별들의 전쟁)을 직접 발표하면서 이제 핵무기 시대는 지나갔다. 앞으로는 우주병기 시대가 도래되었다고 장

담까지 하고 있는 것이다.

고르바초프는 소련의 경제력으로는 도저히 미국을 따라잡을 수 없을 뿐 아니라 미국과의 군비경쟁 자체가 소련의 앞날을 어둡게 할 수 있다는 신사고의 정책을 펴기 시작하였다. 소련은 드디어 미국과 제한적 화해(Limited accommodation)를 시작으로 소련의 세상을 바꾸어 나갔으며 오늘에 러시아 탄생에 결과적으로 산파역할을 하게 된 것이다.

고르바초프라는 젊은 지도자가 나오더니 공산주의의 원조 대국인 소련도 뒤집어엎는데 중국이라고 고르바초프 같은 사람이 안 나온다고 장담할 수 없는 지경에 도달한 것이 오늘의 중국 상황이다. 언제 어떤 사람이 나와서 북한은 좋은데 너 김정일은 안 되겠다고 할지? 이런 상상쯤은 보통 사람들도 할 수 있는 정도인데 머리 빠른 김정일이 모를 리가 없다. 남한 사정은 더욱 불안하다.

지금까지는 '햇볕정책'이다 '포용정책'이다 하여 제법 자기 뜻과 통하는 것 같고 또 깍듯이 김정일 국방위원장 칭호를 써주며 교류가 되고 있는데 다음도 계속 포용정책을 이어나갈 사람이 반드시 나온다고 현재로서는 확신을 가질 수 없으니 초조할 수밖에 없다.

사실 남한이 지금과 같은 포용정책을 쓰지 않고, 교류는

하되 이러이러한 조건으로 해야겠다고 하면 김정일로서는 남북관계에서 조차 장벽에 부딪힐 수밖에 없다. 예를 들어 납북자 문제, 국군포로문제, 인권문제, 군비 통제 등 여러 가지 문제 중 한두 가지만 꺼내들어도 남북관계는 지금과 같지 않을 것이다. 남한에서는 지극히 정상적이고 당연한 주장인데 북한 김정일로서는 도저히 받아들일 수 없는 주장이기 때문이다.

UN을 비롯한 온 세계가 인권 문제를 얼마나 이슈로 삼고 있는가? 특히 북한의 인권문제는 벌써부터 상당한 문제로 등장되어 있다. 남한이 국제공조로 발언권을 높이면 북한으로서도 김정일 배짱만으로는 지금과 같이 공개처형으로 우격다짐하는 사회를 선군정치 하나로 버티며 끌고 나갈 수만은 없을 것이다. 이런 것들이 김정일로서는 혀를 바짝바짝 타게 만들고 있는 것이 오늘의 현실이다.

그렇다면 일본은 괜찮은지 김정일은 걱정하지 않을 수 없다. 고이즈미 총리가 이끄는 일본은 북한이 납치해 간 사람을 내놓으라고 평양까지 김정일을 찾아가서 칼날보다 무섭게 찔러댄다. 일본을 상대로 장사를 해보려고 하니 꽤나 까다롭게 굴며 만경봉호 들어온다 못 들어온다 하니 김정일 체면이 말이 아니다. 눈이 무섭게 생겼고 겁도 없는 고이즈미(小泉) 총리가 물러갔으면 하고 희망을 걸었더니 오히려 더 빠르고 더 기질이 강한 아베 총리가 나와서 오히려 고이즈미 총리 시절보다 북한으로서는 더 나빠진 것이다.

일본 경제는 세계 제2위로 인구로나 군사력으로나 도저히 만만하게 볼 수 있는 처지가 아니다.

미국은 말할 것도 없이 예나 지금이나 어찌할 수 없는 항우장사 같은 힘을 가졌으니 정말 미국을 물리치고 싶은데 50년을 벼르고 보아도 미국의 힘이 약해질 것이라고 희망을 걸 형편이 못된다.

지금의 부시 미국대통령의 다음을 보아도 김정일을 이해하고 도울 사람은 눈을 닦고 찾아보아도 보이지 않는다. 김정일 혼자만 인민군대가 최고야 하고 엄지손가락 치켜올려서 최고가 되는 것은 아니다.

인민군대는 벌써부터 핵무기 없이는 별 볼일 없다고 졸라대고 있는 데 김정일로서는 밖의 세상을 보나 안의 세상을 보나 압록강 너머를 보나, 서해바다 너머를 보나, 동해바다 너머를 보고, 남쪽을 보고, 하늘을 보고, 땅을 보고, 또 보아도 김정일이 믿을 구석은 보이지 않는다.

그렇다면 김정일은 이 모든 것을 한방에 해결할 수밖에 없다는 자기 계산기의 답을 모아서 핵실험 하였다는 이야기를 엮어 보았다. 이것이 딱 들어맞을지 안 들어맞을지는 모르나 필자의 능력으로서는 이 정도 분석과 생각 밖에는 할 수가 없다. 다만 이렇게 김정일의 구석구석을 살펴서 혹시 있을지도 모르는 김정일의 불장난을 막아야 평화가 오겠기에 걱정되어 고민해 보았다.

결론으로 김정일은 세상을 모르고 세계를 너무도 모르고 평양에 갇혀서 도박을 하고 있지만 그 도박은 돈도 잃고, 집도 잃고, 사람도 잃고, 결국 자기도 잃을 것이다. 김정일은 핵 한 방으로 산을 넘어 보겠다는 빗나간 생각을 이제 그만 바꾸었으면 좋겠다.

9장 김정일 핵무기 사용의 속셈

한방으로 모든 것
끝나지 않으리
그대 꿈 헛꿈되어
날아가리니
속차려 마음먹고
새 사람되어
겨레에 빌며
큰 절이나 하지...

9장
김정일 핵무기 사용의 속셈

1. 핵무기의 속성

김정일은 북한 인민들을 굶기면서 그 엄청난 하늘이 놀랄만한 돈을 들여서 하루도 아닌 50년 동안을 견디면서 남들의 하지 말라는 사정과 위협을 물리치면서 그 어렵게 만든 핵폭탄을 쓰지 않고 선반에 얹어 놓으려고 하지는 않을 것이다. 쓰지 않기 위해 만들 김정일이 아니다. 그렇다면 어떻게 쓸 것인가?라는 질문에 여러 가지 분석을 할 수 있기에 이야기를 엮어 보기로 한다.

핵폭탄 즉, 핵무기는 두 가지 성격과 의미가 있는데 첫째는 군사무기이고 둘째는 정치무기라고 할 수 있다. 군사적 의미와 정치적 의미 모두를 가지고 있다는 뜻이다. 김정일은 군사적 무기와 정치적 무기로서의 이용은 물론 복합적이고 총체적인 목적으로도 사용할 것으로 보인다.

2. 군사 무기로서의 사용

인민군대가 선두에 선 북한에서 군대의 사기란 전체 인민을 끌고 나가는 원동력이라고 할 수 있다. 군사 국가에서 군대의 사기가 떨어지고 군기가 문란하고 지휘관들의 자신감이 떨어지면 그 군대는 군대로서의 기능을 하지 못하게 된다.

이런 의미에서 이제 인민군대는 핵무장을 하였으니 미국도 두려울 것이 없고 남한을 만만하게 보게 되었으며, 남한이 잘 살고 자유가 있어 고민되던 것도 어느 정도는 상쇄될 수 있다고 믿을 것이다.

일본을 상대해서도 큰 자신감으로 들뜨게 될 것이고, 중국이 변해도 러시아가 도와주지 않아도 큰 자신감으로 모든 힘의 중심을 김정일 최고사령관 자신에게로 집중시킬 수 있다고 믿을 것이다. 그리고 그렇게 어렵게 견디어 낸 북한 인민들에게도 한 가닥 희망과 목표를 새롭게 세울 수 있는 큰 계기가 될 수도 있을 것이다. 한마디로 북한의 혁명역량을 강화시키는 데에는 결정적 역할을 하게 될 것이며 지금 평양에서 일어나고 있는 군중대회 등이 그 시작이라고 하겠다.

결론하여 인민군대의 사기를 높이고 인민들을 자신감에

차서 어쩔 줄을 모르게 할 수 있을 것이다. 최악의 경우 남한에 대해서는 실질적 군사 무기로서의 위력을 과시하며 남한 군대쯤은 별 것 아닌 것으로 여기며 국지적 도발에도 서슴지 않는 과감성을 보일 것이 예상되며 남한 군에게 사기를 떨어뜨리려는 고도의 심리전이 전개될 것이다.

심지어 NLL을 무시하고 서해 5도를 공격하거나, 휴전선의 돌출지역을 공격하거나, 특수부대를 동원하여 일정 지역을 교란시키는 등 핵무기를 배경으로 하여 제한적 무력 도발로 북한의 자신감을 시험하면서 북한을 열기와 흥분에 몰아넣고 남한의 민심을 흔들어 교란할 것으로 예상된다. 특히 북한은 핵무기를 앞세워 통일의 기본전략인 3대 혁명역량을 더욱 강화시켜 남조선혁명을 끝내려고 할 것이다. 그리하여 최종 단계에 이르면 군사무기로써 승부를 걸려는 도박을 할 수도 있을 것이다.

그러나 김정일 마음대로 할 수 있는 쉬운 문제는 아니다. 국제연합과 한미 양국의 대응여하에 따라 북한의 군사적 도발을 사전에 차단할 수도 있다.

3. 정치 무기로서의 사용

정치 무기로서의 역할을 극대화시켜 남반부 혁명역량

강화와 국제 혁명역량강화에 박차를 가할 것이다. 우선 평화에 젖어있는 남한 국민들에게 침투하여 곧 통일이 된다, 전쟁이 일어나면 남한은 모두 죽는다, 전쟁이 나면 북한이 핵무기를 쓸 수 있을지도 모른다, 미국은 한반도에서 핵무기를 사용할 수 없을 것이다, 북한은 핵무기에도 견딜 수 있게 지하요새화 되어 있다.

남한은 모든 것이 지상에 있으니 전쟁나면 남북한 모두 죽는 것이 아니라 북한은 살고 남한은 모두 죽으니 전쟁을 일어나지 않게 하려면 미군을 몰아내야 한다는 위장, 교란 선전을 하며 고도의 심리전을 전개한다면 '전쟁만은 피해야 한다'는 남한의 여론이 조성되어 상당한 혼란이 예상된다.

이것은 한 가지 예에 불과할 뿐 교묘하고 도저히 거짓말로는 보이지 않는 말을 전파시키면서 핵무기의 위력을 팔아먹을 때는 상당한 피해가 예상된다. 남한 내의 친북세력들은 더욱 기승을 부려 전쟁을 막기 위해 미군 물러가고 남북이 같은 민족으로서 우리끼리 평화통일하자고 밀어 붙일 것이다.

그것도 일리가 있고 옳은 말인데라는 흐름을 이룬다면 북한은 핵무기를 쓰지 않고서도 목적을 달성할 수 있는 기회를 얻게 된다. 반면 미군은 철수하지 않는다, 세계 전략적 차원에서 남한을 떠날 수 없을 것이다 하면서 어떤 말에도 무관심하며 설마 전쟁이야 일어나겠는가하는 것도 더욱 큰 위기를 자초하게 된다.

그리하여 거센 반미, 미군철수를 주장하는 구호와 시위가 난무할 때 미군은 월남에서와 같이 북한과 평화협정에 싸인하고 물러가지 않는다고 누가 장담할 수 있겠는가? 미국에 있어서 월남은 한국보다 세계 전략적 가치가 더 있는 곳인데도 철수하였다.

만약 미군철수가 이루어진다면 기다리던 결정적 시기로 판단하여 북한은 핵 무장을 한 인민군을 움직일 것이다.

그 다음은 차마 가정으로라도 이야기를 계속하고 싶은 마음이 아니어서 독자들의 판단과 생각에 맡기기로 하겠다. 그 뿐만 아니라 남북 교류에 있어서도 핵무기의 정치성을 십분 이용할 것이다. 핵무기가 있으니 갖다 바치라는 고자세는 기본자세일 것이고 조공을 받는 듯 위풍을 과시하며 남북관계 전반에 고자세를 지키려 할 것이다.

그리고 남북 협상에서 결정적 정치 사안에 대해서는 핵무기를 협박 수단으로 사용할 것이며 북한의 조국통일 5대 강령에 명시한 대로 '고려연방공화국'을 대두시켜 평화협정 체결하고 연방제에 의한 통일을 남한에서 받아들인다면 핵무기도 철폐하고 사용도 안하겠다는 위장평화전술로도 나올 것이다. 그리하여 김정일은 핵무장을 한손에 들고 거센 정치공세와 전술로 꿈에 그리던 남반부 해방즉, 적화 통일을 달성하려 들 것이다. 이런 분석은 그리 어려운 것이 아니며 그간의 북한의 행적을 보면 쉽게 간파할 수 있는 것이다.

4. 핵무기 실제사용의 한계

김정일은 과연 핵무기를 실제 쓸 수 있을까? 여기에 미국과 한국은 어떻게 대응할 것인가? 이 질문에 핵무기가 가지고 있는 군사무기로서의 본질적 의미와 핵무기의 한계점 등을 깊이 있게 살펴보고 정치무기로서의 개념 등을 종합하여 풀어 보기로 하겠다.

냉전시대인 1950년대에서 1980년대 사이에 자본주의 초강대국 미국과 공산주의 종주국인 소련 사이에는 세계 3차 대전으로 번질 수 있는 사건들이 많이 있었다. 한국전쟁과 쿠바 미사일 위기 등 제법 굵직한 충돌 사건들이 많이 있었으나 양국 모두 다 세계 최강의 핵보유국이므로 전쟁이 일어나지 않았다고 역설적인 설명이 가능해진다. 왜냐하면 소련이 핵탄두를 장착한 ICBM(대륙간 탄도탄)을 발사기지에서 미국을 향해 발사하면 정확하게 35분만에 미국에 도달하여 미국은 핵폭탄의 공격으로 잿더미가 된다.

반대로 미국의 핵 반격을 받은 소련 또한 미국의 미사일 기지에서 발사한 ICBM이 정확하게 35분이면 소련에 도달하여 소련 전체를 불바다로 만들어 파괴해 버리고 만다. 제아무리 세계 땅덩어리의 1/6의 넓은 나라라고 하더라도 핵폭탄 앞에서는 작은 축구공에 불과한 것이다. 그러한 핵폭탄을 미·소 똑같이 가지고 있는 것이다. 그리고 핵 잠수함에서 발사되는 SLBM(잠수함 탄도 미사일)은 미국과 소련 서로 똑같이 15분이면 상대 국가를 핵공격으로 초토화시킬 수 있다.

핵폭탄은 모든 것을 파괴하고 앗아가 버린다. 이렇게 서로 똑같이 핵무장을 하고 있었기 때문에 전쟁 자체를 예방할 수 있었고 냉전체제의 치열한 다툼 속에서도 전쟁이 일어나지 않았다고 군사적인 평을 할 수 있다. 그러나 어느 한 쪽이 핵이 없을 경우를 가정해 본다면 군사력 균형이 깨져서 전쟁은 쉽게 일어날 수 있다. 핵이 없는 나라는 싸움에 패하여 망하던가 아니면 싸우지 않고 먹히던가 할 수밖에 없는 것이 핵무기의 위력이다. 따라서 미국과 소련은 핵전력의 균형으로 전쟁 자체가 일어나지 않았고 세계 3차 대전을 피할 수 있었다.

군사적으로는 상대국과의 비대칭전력으로 군사력 균형이 깨졌을 경우 전쟁의 위험성은 높아진다.

세계 2차 대전시 미국과 일본의 전쟁은 경제적으로 월등한 미국이 일본의 공격을 반격하는 강력한 군사력으로 일본의 패색이 짙어져 있었지만 당시 도조히데키가 이끌던 전쟁 내각의 성격상 일본 본토를 싸우지 않고 거저는 내주지 않았을 것이다. 그러나 1945년 8월 6일 오전 8시 15분 히로시마에 원폭이 투하되어 30만 명의 사상자를 냈고 생존자 3/4도 방사능에 노출되어 이름 모를 병에 사라져 갔다. 연이어 8월 9일 오전 11시 20분 나가사끼에 두 번째 원폭이 투하되어 시가지 45%가 날라 갔고, 희생자는 7만 3,000명에 달했다.

일본은 8월 15일 무조건 항복하고 미국에게 백기를 듦으로써 지긋지긋했던 세계 2차 대전은 6년 만에 막을 내리게 된 것이다. 이렇게 핵폭탄은 전쟁에서 모든 것을 결정짓는 한 방이다.

인도와 파키스탄도 카슈미루의 영유권 분쟁으로 잦은 무력 충돌로 언제 큰 전쟁으로 번질지 모르는 긴장된 상황에서 1998년 5월 거의 같이 핵무장을 함으로써 군사적인 면에서는 큰 전쟁으로 번질 수 없게 되었다고 할 수 있는 역설이 성립된다.

무력충돌이 심각한 상태로 접어들어 핵무기 사용의 유혹에 빠져들 경우, 두 나라는 모두 파멸의 길을 걸어야 하기 때문에 오히려 무력충돌이 자제될 수도 있다는 이야기가 성립하면서 서로 갖고 있는 핵무기의 파괴력에 스스로 손발이 묶이게 된다.

따라서 인도와 파키스탄은 국토의 넓이와 인구의 많고 적음이나 국력의 강하고 약하고를 초월하여 핵무기 한방이면 상대에게 결정타를 가할 수 있다는 상대성 때문에 전쟁 자체가 억제된다는 논리가 성립된다.

핵무기는 모든 것을 초월할 수 있는 마법사와도 같다고 하겠다. 이스라엘은 대략 200발의 핵을 가지고 있다고 본다. 이스라엘의 탱크나 전투기들이 강력한 공격력을 과시하는 배경에는 핵무장이란 우월감도 내재되어 있다고 볼 수 있다. 인구 600만의 작은 나라 이스라엘 국민이 하나되어 나라를 지켜야겠다는 국민정신은 오래전부터 소문이 나 있지만 인구 1억이 넘는 주변 아랍국들을 상대로 국토수호의 자신감을 가지는 바탕에는 핵무기의 힘도 보태어져 있을 것이다. 이렇게 핵무기는 불가능을 가능으로 만들어 주는 요술 방망이라고 할 수 있다.

몇 가지 예를 들어 보았지만 북한 김정일이 핵무장을 한 시점에서 우리 대한민국은 어떻게 해야 될까를 생각하여 본다. 우리는 핵무기를 가지고 있지 않으며 핵무기를 가질 상황도 아니다. 따라서 현재 우리 대한민국 입장에서는 북한과의 비대칭 군사력의 한계를 극복하는 데는 우리 혼자만의 자주 국방의지만으로 나라를 지켜낸다는 것은 군사적 상식에서 뿐 아니라 일반 상식으로도 도저히 불가능하다.

그렇다면 우리는 지금 유지되고 있는 한미동맹과 한미연합사의 끈으로 미국의 핵무기를 묶어서 우리 한국으로 끌어와야 한다. 그리하여 북한 김정일이 핵무기를 쓰지 못하도록 마음먹게 해야 하는 것이다. 따라서 북한이 무력도발을 하더라도 우리는 핵전쟁으로 확산될 수 있다는 불안감을 가질 필요 없이 재래식 무력 대응에 자신감으로 맞설 수 있게 된다.

만일 북한이 핵무기로 협박을 가해온다면 비록 우리가 직접 가지고 있는 것은 아니지만 미국의 몇 십 배나 강력한 핵무기 반격의 절대력을 배경으로 조금도 흔들리지 않고 북한의 핵 공갈과 위협을 물리칠 수 있는 것이다. 따라서 핵무기 면에서 미국보다는 열세인 북한의 도발은 물론 전쟁자체를 예방할 수 있게 된다. 이것이 우리 대한민국의 안전장치이다. 반면 북한은 그 어느 때보다 주한미군철수가 절박한 입장이 되었으며 앞으로 주한 미군 철수를 위한 정치, 군사적 총공세를 펼칠 것이다. 여기에 우리는 국가 총역량을 동원하여 대응해야 될 것이며 반드시 북한의 남조선혁명 기도를 분쇄해야 할 것이다. 그리하여 대한민국을 지켜야만 한다.

10장 미국의 북핵제거 전략과 전술

늦지 않게 회개하오

강성대국 지나쳐

화를 부르면

평화의 사자들이

잡아 갈거여...

10장
미국의 북핵제거 전략과 전술

1. 미국의 북핵 제거 시나리오(scenario)

미국은 세계 제1의 경제 대국이며 제1의 군사력을 보유하고 있는 큰 나라이다. 2005년 GDP 약 12조 달러이며 거듭 강조하지만 전 세계 군사비의 51%를 쓰는 경제, 군사 대국이다. 참고로 일본은 약 4조 7천억 달러, 중국이 약 1조 6천억 달러, 한국이 약 6,690억 달러이다. 각 나라가 비교가 되는 자료이다.

이런 미국이 9·11 테러이후 초긴장 상태이다. 바로 테러와의 전쟁을 치루고 있다. 그림자조차 없는 테러를 막아야하는 일에 모든 국력을 쏟아 붓고 있으며 이것이 제1순위의 국가사업이다. 따라서 테러 요인을 찾아서 온 세계를 뒤지고 찾고 있으며 다시는 테러를 당하지 않겠다고 온 미국이 테러 방지 기지가 된 셈이다. 테러를 막겠다고 찾고 있는 물건이 바로 핵무기이고 다음으로 알카에다와 같은 테러집단이다. 특히 핵무기는 테러집단과 연계될 수 있다면 미국은 하늘 끝 땅 끝까지 찾아가 없애야 미국의 안전이 보장되는 것이다. 그리고 1인 독재국가에서 핵무기를 가졌을 때에는 핵무기의 사용결정이 한 사람에 의해 좌지우지되기 때문에 그 위험도는 몇 배로 늘어나 미국으로서는 절대로 용납할 수 없는 것이다.

여기에 북한핵이 딱 걸려든 것이다. 미국의 국력으로 당장 북한을 절단 내고 싶었겠지만 군사력 사용에는 조건도 까다롭고 한계가 있어 지금껏 못하고 있다.

북한은 지리적으로 중국, 러시아와 국경을 맞대고 있으며 남한과는 가느다란 철책선 하나로 양쪽 군대가 휴전선이라는 곳에서 서로 마주보고 있고 남한은 사회 전체가 북한처럼 전쟁을 막을 준비가 안 된 평화의 나라에서 4,800만이 주로 땅 위에서 살고 있기 때문에 군사력을 사용하기가 대단히 어려운 것이다.

그래서 미국이 고안해 낸 것이 주변 나라들이 참여하는 6자가 모여서 한반도의 비핵화를 이뤄내기 위하여 꽤 오랜 시간을 보냈으나 앞서 짚어본 각 나라의 사정 등으로 좀처럼 해결의 기미가 보이지 않고 있던 차에 2006년 10월 9일 북한은 핵실험으로 이제는 핵을 가졌으니 하고 배짱을 부리는 상황이다.

미국이 가만히 물러서지 않는다는 것은 당연하고, 일본이 더 야단이며, 중국도 가세하고, 러시아도 따르고, 한국은 눈치보다가 뒤를 따르는 입장이다. 그도 그럴 것이 한국은 총 한 방 대포 한 발에 서로의 무력이 부딪히기 때문에 되도록 북한을 달래보자는 생각을 가지는 것은 이해 할 수 있겠다.

그러나 그렇게 해서 북한이 달래지면 좋은데 더 나빠지면 오히려 큰일을 맞게 된다는 것을 알고 잘 대처해야 된다는 주문들도 많이 있어 사회가 제법 시끄럽다.

이렇게 어려운 핵문제를 미국은 어떻게 풀어가려는 것일까? 최종적으로 6자회담이 깨지면 UN안보리의 더 한층 강화된 결의안에 따라 북한을 강력하게 봉쇄하려 할 것이나, 미국 혼자서 되는 일이 아니다. 만일 봉쇄도 먹히지 않을 땐 미국은 어떻게 할 것인가? 이것을 점쳐 보고자 한다.

미국은 주변국들과 세계 여러 나라가 힘을 모아 북한을 포위하고 조이며 답답하게 만들 것이다. 그래도 북한이 끄덕도 안한다면 미국으로서는 최종적으로 다른 수를 써보려고 할 것이다. 북한은 우리가 쉽게 생각할 수 있는 나라가 아니고, 김정일은 직접 김정일이 되어 보기 전에는 예측하기가 어려운 사람이다. 어떤 때는 누구 말마따나 통이 커 보이기도 하고 지독하고 포악해 보이기도 하고 그도 다 같은 우리 민족의 피를 이은 사람인데 나쁘면 얼마나 나쁘겠노, 여러 가지 말은 많이 할 수 있지만 딱 부러지게 말할 수는 없다. 끝내 이번 북한 봉쇄의 효과가 별 영향이 없거나 실패할 경우 미국 또한 그대로 물러서지 않을 것이다.

2. 미국의 북핵제거 최후수단

그렇다면 김정일은 건재할 것인가? 제거될 것인가? 가설이지만 두 가지의 경우를 살펴보기로 한다.

미국의 권위 있는 '카네기재단'이 발행하는 외교전문 잡지인 '포린 폴러시(Foreign policy)' 선임편집위원인 데이비트 보스코(David Bosco)는 최근 LA 타임스에 기고한 장문 칼럼(column)을 통해 3차 세계대전은 평양에서 시작될 수 있다고 경고했다.

북한이 또 한 번 미사일(missile)을 발사해 일본 본토에 가까운 동해바다에 떨어뜨려 일본을 겁주려 했으나 기술적 결함으로 또는 실수로 동경을 강타하고 상당수의 사상자가 발생해 미국은 즉각 전폭기를 띄워 북한의 미사일 기지와 핵 기지를 폭격할 것이라고 주장했다.

이에 북한은 휴전선 일대에 장사정포로 서울을 공격하고 한국군과 미군은 휴전선을 넘어 북으로 진격한다. 북한 주민들은 만주로 피난가려 하지만 중국군이 북한인민들의 대량유입을 결사적으로 저지하면서 남쪽으로 내려오게 되고 미군과 중국군은 56년 만에 다시 북한 땅에서 맞부딪히면서 세계 3차 대전이 일어난다는 것이다. 북한 고위 관리들은 미국과 그 우방들의 침공 가능성을 절대적으로 믿고 있으며 제 2의 한국전쟁까지 준비하고 있는 것으로 나타났다.

최근 미사일 발사 후 평양을 방문하고 돌아온 조지아대학 박한식 교수(정치학)는 지역일간지인 애틀랜타저널-컨스티튜션지 기고문(2006년 7월 13일자)을 통해 "북한군 수뇌부들은 또 다른 한국전쟁을 준비하고 있으며 이를 위해 주한미군 제거가 절대적이라고 언급했다"고 밝혔다.

박 교수는 북한 관리들은 모든 인민들이 폭격으로부터 은신할 수 있는 대피소는 물론 미국에 타격을 가하고 그 우방을 궤멸시킬 수 있는 공격력을 보유하고 있다고 강조했다. 이들은 영예롭고 숭고하게 전사할 준비가 되어있다고 한다.

이런 시나리오도 있다. 2006년 9월 15일자 아시안 월스트리트 저널에 기고한 김정일 타도(Bringing Down Kim) 제하의 칼럼(column)에서 미 카토 연구소 방위·외교정책 담당 부소장 데트 칼렌 카펜터 박사는 충격적인 제안을 내놓았다. 곧 미국은 미군철수의 대가로 중국에 북한 정권의 전복을 요구해야 한다는 것이다.

미국은 북한 협상이 실패로 끝난 만큼 중국에 대해 한반도 통일 후 미군을 철수시키는 등 한미동맹을 청산한다는 대가로 김정일 정권을 전복시키는 데 협조해 주도록 요구하는 '과격하지만 새로운 대안'을 모색해야 된다는 것이다. 이는 미국 측 입장에서는 합리적인 시나리오(scenario)다. 한국과 신뢰가 무너져 사실상 동맹이 붕괴된 상황이고 이제 북한의 WMD(대량 살상무기)와 인권 문제를 제외한 관심사는 더 이상 존재하지 않는다는 상황이다.

그렇다면 미국의 영향력 확대를 꺼리며 주한미군을 경계해 왔던 중국에게 한반도를 양보하고, 대신 북한 정권의 교체를 통해 WMD와 인권 문제를 해결할 수 있다면 동북아에 있어서의 외교적 정책 목표는 달성되는 것이다. 이 시나리오에는 중국 역시 통일 한국에 인민해방군을 주둔시키지 않는다는 조건이 붙어 있으나, 이는 큰 의미가 없어 보인다.

미군의 한반도 철수는 한반도 통일이 어떤 형태로 이루어질 것인가에 대한 극도의 불투명성을 가져다준다. 우리의 목표인 '자유민주주의' 통일이 중국의 후견 아래 가능할 것인가? 미군철수는 대한민국을 치열한 동북아 권력투쟁 소용돌이의 한 복판에 던져지게 할 것이다.

한반도는 지리적으로 접해있는 중국이 미국의 영향력을 몰아낸다면 지난 2천 년간 중국과 맺어 왔던 사대관계를 21세기 현대 세계에서 새로운 형태로 맞아들이게 될 가능성이 높다. 이 모든 난관을 해결하는 길은 하루 빨리 친북세력을 몰아내고 자유민주주의 세력이 국가 정체성을 재확립하는 것이 시급하다.

이상의 두 시나리오에서 보듯이 미국과 중국은 6자회담이나 UN안보리 봉쇄에서 설사 실패한다 하더라도 김정일의 핵은 폐기시킬 것으로 판단된다. 미국은 최종적으로 더 무서운 수단을 쓰더라도 김정일의 핵무기를 없애는 데 결정적 전술을 사용하리라고 본다. 따라서 우리 남한에서는 모든 시나리오에 정부와 국민이 마음을 한 곳으로 모아 북한핵을 대비함은 물론 김정일 이후의 북한을 염두에 두고 다시는 강대국에 의한 민족의 불행을 반드시 막아야 한다.

필자는 첫 번째인 경우는 가능성이 아주 희박하다고 보겠으나 예의 주시해야할 시나리오는 두 번째의 경우이다. 미국과 중국의 입장에서 보면 그렇게 어려운 문제가 아니다. 다음 장 중국 제재전략에서 설명하겠지만 어떻게 하든 미국 못지않게 김정일 핵 제거는 반드시 이루어져야 하는 것이 중국의 입장인 것을 감안하면 조건은 다를 수 있겠지만 상당한 의미가 있다고 판단한다.

어떠한 일이 있더라도 김정일은 핵무기로는 소원을 이룰 수 없는 것을 지금 깨달았으면 한다. 김정일의 핵무기는 반드시 자기몰락의 함정이라고 분석된다.

11장 중국의 북핵제재 전략

큰집 은혜 잊으면
망나니 되지
말할 때 들어야지
목숨이 지네
최후의 선한 마음
꺼내어 보지...

11장
중국의 북핵제재 전략

1. 중국의 대북 기본입장

중국은 넓은 나라이다. 국토의 면적은 약 960만㎢ 이고 인구 약 13억이며 한족이 94%, 나머지 6%가 55개 소수민족으로 이루어져 있다. 국토의 넓이는 미합중국에 맞먹는다. 중국은 덩치에 비해 난리를 많이 겪은 나라이고 대체적으로 밑바닥 국민들의 생활은 가난으로 이어져 내려왔다.

1840년 영국과의 아편전쟁에서 청나라가 패하였고 1894년은 청일전쟁으로 일본에 패하고, 1937년은 중국이 일본의 침략을 받아 전쟁을 치르는 중에도 국공내전으로 근·현대사가 얼룩진 채 국민들은 가난과 전쟁에 시달려야 했으며 1949년 10월 1일 모택동이 중화인민공화국을 건설하여 인민을 골고루 잘 살게 하겠다고 하였으나 1976년 9월 9일 사망 시까지 중국 인민들의 생활은 골고루 배고프고 못 사는 빈곤의 평등 사회였다.

뒤이어 등장한 등소평의 개혁 개방 정책에 따라 오늘의 경제 부흥시대를 이루고 있다. 지금의 중국의 GDP가 약 2조 달러에 육박하였고 욱일승천하면서 중국 천지에는 '잘 살아보세' 노래로 가득 차 있다. 필자가 2년 전 상해에 갔을 때 한국어에 능통한 중국인 임씨라는 사람을 만났더니 중국 역대 어느 정권도 13억의 인구를 고루 밥을 먹게 한 적이 없었다. 우리는 머지않아 일본을 따라 잡을 것이다.

그리고 대만도 마음만 먹으면 하루아침에 해방시킬 수 있는데도 미국과 충돌하면 경제가 잘못될까봐 못 친다는 것이다. 그 임씨가 경제, 정치 평론가는 아니었지만 중국의 오늘과 내일을 잘 설명하는 것 같았다.

오늘의 중국공산당의 기본외교 전략은 경제를 최우선으로 정하고 경제를 위하여는 다른 부분은 타협하여 나간다는 것이다. 더 정확하게 이야기하면 경제를 위 하여는 다른 것은 양보할 수 있다는 '화평굴기(和平崛起)'가 기본외교 전략인 것이다. 이제 중국 공산당은 인민들에게 잘사는 정책을 멈추고 전쟁하자거나 가난을 좀 참자는 말 같은 것은 더 잘 살겠다는 중국 인민들에게는 절대 할 수 없는 말이 되었다.

중국 사람들은 돈이 무엇인지 알았고, 배부른 것을 알았고, 잘 사는 것을 보았기 때문에 경제를 후퇴시키는 정책을 펴지 못하게 되어있다. 이것이 중국 정부의 정책기조이다. 오히려 지금보다 외국자본과 기술을 더 끌어들여 진짜 '천지개벽'을 이루려고 달음박질 치고 있다. 여기에 북한 김정일이 그렇게 말리는 데도 핵실험을 하여 중국의 입장을 난처하게 만들고 중국만 바쁘게 된 것이다.

중국의 대 북한정책은 핵이 없는 친중 정권을 원하고 있다. 주변이 시끄럽지 않아야 경제가 잘되는데 바로 코밑에서 난리가 났을 때에는 자연히 중국까지 휘말리게 되어 잘나가던 경제에 문제가 생겨 중국이 곤경에 빠지게 될 수 있다. 더욱이 김정일이 미국과 겨루면 남한도 합세하게 될 것이며 여기에 개입하게 되면 중국 경제가 미국과의 교역으로 숨통이 트였는데 미국과 사이가 틀어지면 일본과도 한국과도 서방 세계와도 큰 문제가 생긴다는 염려에 속이 타는 것이다.

그래서 중국은 앞장서지는 못하지만 지난번 미사일 때도 이번 핵실험 때도 미국과 일본의 각본에 척척 보조를 맞추고 있다. 이렇게 중국을 살펴보니 대강 북한 김정일의 핵무기 신세가 어떻게 될지 슬슬 윤곽이 잡혀 온다. 따라서 중국도 미국과 어느 정도 보조를 맞추어 봉쇄도 하고 PSI(대량 살상무기 확산방지구상)에도 참여할 것이다.

2. 중국의 북핵제거 비상수단

가정이지만 이것저것 다 안 되고 김정일이 살아서 막무가내로 나올 때 즉 6자회담도 결렬되고 봉쇄효과도 없고, UN안보리 결의 42조까지 동원하여 무력제재까지 가는 단계라면 미국과 중국은 최후의 비장의 무기를 빼들 수밖에 없게 될 것이다.

중국의 입장에서 보면 일본의 핵무장 특히 대만이 핵무장을 한다면 중국의 불안은 사실상 위험 수준을 넘을 것이고 본토에 비하여 작은 섬의 문제가 아닌 엄청난 불안을 가져오게 된다. 이 열쇠를 미국이 거머쥐고 있다. 여러 가지 상황을 미국과 중국은 이 앞장의 시나리오(scenario)에서처럼 어떻게 하든 김정일을 제거하는 것이 최상책으로 대두될 것이다.

그것이 김정일의 망명이든, 제거이든, 방법에는 여러 가지가 있겠으나 이루어질 가능성이 짙다고 본다. 이 일은 결국 중국이 직접 나설 수밖에 없을 것이다. 결론적으로 미국과 중국이 김정일 제거에 극적 합의가 이루어진다면 김정일은 어떤 형태이던 제거되고야 말 것이다. 온건한 방법은 중국이 완전 봉쇄를 하여 쌀, 기름 등 전략물자를 완전차단하고 남한도 똑같이 동참한다면 김정일은 손을 들 것이다. 이판사판식 무력도발을 할 수도 있겠으나 이 단계까지 가지 않고 해결될 것으로 믿고 이 장을 마치기로 한다.

12장 한반도 최악의 상황

남조선해방 통일전쟁

다시는 꿈꾸지 마오

벼랑끝 서지 말고

평지로 나와

살 길 찾지 그려....

저레 불길되어

타오를 때면

그대 삼켜

태워 버릴껄....

12장
한반도 최악의 상황

1. 북한의 벼랑끝 전술(Brinkmanship tactics)

북한이 미국과 중국의 압력으로 6자회담에 나오게 된다면 북한은 벼랑끝 전술(Brinkmanship tactics)로 일단 위기를 넘기려는 위장 전술을 쓸 수도 있을 것이다. 다급해지면 합의를 하고 서명을 하고 핵 폐기를 결정한 이후 폐기 절차를 시행하는 과정에서 이것은 된다, 저것은 안 된다, 여기는 오라, 저기는 가지 말아라, 그렇기 때문에 핵 폐기를 위한 검증과 사찰은 안 되겠다는 한번 써먹은 전술을 써가며 시간을 끌 가능성이 있다고 본다.

결론적으로 북한은 6자회담을 이용했으면 했지 6자회담으로 핵을 폐기하지는 않을 것이다. 6자회담에서 최종적으로 핵이 폐기되지 않고 오히려 북한이 2차 핵실험, 무력도발 등으로 저항한다면 더욱 강도 높은 봉쇄가 시작될 수도 있을 것이다. 유엔헌장 7장 42조 군사적 제재까지 결의될 수 있으리라고 점칠 수 있다. 그러나 중국의 양해가 암묵적으로 있다손 치더라도 미국이 공군이나 해군을 동원한 군사공격은 쉽게 하지 않을 것이며 강력한 시위와 위협으로 끝날 것이라고 본다.

북한이 이판사판식 자살 공격으로 발작하면서 남한을 공격할 때에는 남한의 피해가 엄청날 것이기 때문이다. 또 하나는 북한은 미국의 폭격과 포격으로 간단하게 무너질 정도의 나라가 아니고 전 국토가 미국의 폭격을 견딜 수 있는 요새화된 군사기지이기 때문이기도 하다.

그렇다면 미국과 중국은 앞의 11장, 12장의 경우처럼 김정일 정권교체에 극적 합의가 이루어져 비상수단을 동원할 가능성이 매우 높다고 하겠다. 먼저 북한을 완전 봉쇄할 것이다.

강력한 세계적 봉쇄와 압박이 가해질 경우 북한에서 동요가 일어날까? 아니면 결사적으로 거세게 저항할까? 봉쇄의 고통은 제일 먼저 최하층 인민들과 비당원들에게 가해져 큰 희생이 될 것이다.

그 다음 계속 압박이 가해질 때에는 노동당과 인민군 부대에까지 밀어닥쳐서 비당원과 하전사와 군관에게까지 영향이 미치게 될 것이다. 이 지경까지 이르게 된다면 김정일의 총폭탄이 되어 끝까지 옹위하자는 강경파와 이제

끝장내자, 살아날 방도를 강구하자는 강온파로 갈릴 공산이 크다 하겠다. 혼란은 시작되기가 아주 어려운 것이지 일단 시작되면 모래 둑이 터지듯이 빠르게 확산되어 강경파의 몰락으로 온건파가 승리할 가능성이 매우 높은 것이다.

그리하여 김정일 일파가 제거되고 내부적 쿠데타가 성공할 수 있다는 시나리오가 현실성 있게 등장할 수도 있다. 결과적으로 김정일은 버티지 못하고 제거 되고야 말 것이다.

물론 북한군은 김정일 최고사령관 명령으로 지하에서 비행기가 나르고, 미사일이 나르고, 특수부대가 화생무기를 가지고 나를 수 있지만 전쟁은 뒤를 바쳐주는 병참선이 반드시 확보되어 있어야 한다. 병참선이 확보되지 못한다면 전쟁자체가 불가능하다. 인민군 수뇌부 지휘관들도 병참선 없는 전쟁을 하겠다고 나서는 멍텅구리 지휘관은 없을 것이다. 그런데 이 병참선을 중국이 꽉 쥐고 있으며, 북한 군·관·민 전체의 후방기지인데 이것을 완전 잠가버릴 경우 아무리 배짱을 지하에서 부려도 인민군은 움직여지지 않을 것이고 김정일 자신도 전면적 무력 도발은 하지 못할 것이다.

부분적으로 김정일과 운명을 절대 같이하는 결사대는

무력을 사용할 수 있겠으나 즉각 반격에 나선 한미 양국군이 북한을 공격하게 되면 중국도 미국 편에 서지 않을 수 없을 것이며 공·해·육군의 입체적 공격으로 김정일 정권은 기울기 시작할 것이다. 이때에도 북한의 핵무기는 사용이 어려울 것이다.

미국의 핵 반격으로 북한 그 자체가 없어지기 때문이다. 물론 북한 특수부대의 부분적 침투와 맹목적 자살공격과 미사일 공격으로 남한의 작고 큰 피해가 발생할 수 있겠지만 북한이 지하에 들어가 버티는 데에도 한계가 있게 되어 급속도로 무너져 붕괴되고 말 것이다. 독재자의 전쟁은 승기를 잡았을 때에는 하늘을 찌르나 기울 때면 급전직하로 떨어지기 마련이다.

20세기를 전쟁으로 이끌었던 독재자의 말로를 살펴보기로 한다. 히틀러는 연합군이 베를린에 입성하던 날 자기의 깊고 깊은 요새에서 1945년 4월 30일 애인과 같이 겁에 질려 권총으로 자살함으로써 악마와 같은 전쟁광의 일생을 마감했다. 무솔리니는 파시스트 왕국을 세워 히틀러와 같이 세계 2차 대전을 일으켰으나 패전하게 되자 독재자의 모습은 간데없고 추악한 도망자의 신세로 피해 다니다가 1945년 4월 반 파쇼 의용군에게 코모 호반에서 체포되어 1945년 4월 28일 정부(情婦)와 함께 밀라노

광장에서 총살됨으로서 비겁한 인생을 마쳤다.

일본의 도조 히데키는 대전 당시 전 일본군에게 적에게 포로가 되지 말고 자결하라고 군인정신을 강조하였지만 정작 자신은 일본이 패전하자 자기 집에서 체포되어 극동국제재판에서 사형을 받아 1948년 12월 23일 교수형에 처해졌으나 우리 민족에게 끼친 그 엄청난 피해와 한은 고스란히 지금도 남겨져 있다. 이렇게 독재자들은 모두가 다 군대를 앞세운 독재를 하다가 전쟁으로 망하고 말았다.

독재자의 군대는 전쟁의 날개짓을 할 때에는 하늘을 덮고 바다를 삼킬 듯한 광풍과 불꽃을 뿜어대지만 패색이 짙어지면 들판의 들쥐처럼 살길을 찾아 재빠르게 흩어진다. 하필 김정일이 왜 이런 전쟁광들을 선배로 모시고 따르고 있는 것인지 도대체 이해할 수 없다. 김정일과 인민군 수뇌부들은 이번 핵 불장난으로 반드시 종말의 날을 맞을 것이다. 왜냐하면 이번 김정일의 핵 불장난의 불길이 중국을 지나 일본을 거쳐 미국까지 번져갔고 드디어 UN을 화마에 휩싸이게 하여 UN은 급히 안보리 방망이를 힘차게 내리 쳤다. 즉시 미국의 소방차가 앞장서며 세계의 소방수들이 힘을 합쳐 평양으로 달려가 불을 끄려하고 있으니 머지않아 불길이 잡혀 불은 꺼질 것이고 방화범 김정일과 수뇌부들이 국제 핵 소방법에 따라 처벌됨으로써 종말을 보게 될 것이다. 이 장에서 엮은 이야기들은 필자의 생각으로 가정을 전제로 꾸민 가상의 시나리오(scenario)이지만 모든 경험과 연구와 분석의 결과이므로 참고가 될 것이다.

지금 우리에게는 모든 것이 가정을 전제할 수밖에 없는 것이 현실이다. 김정일의 마음과 생각을 김정일 자신도 모르고 있으며 거친 세계의 물결은 한반도를 타고 흐르고 있기 때문이다. 따라서 모든 가능성의 가정의 시나리오를 검토, 분석하여 물샐 틈 없는 완벽한 대응으로 우리 대한민국의 안전보장을 지켜내야 하겠다.

필자는 우리 정부와 국민을 믿고 있으며, UN과의 국제공조가 우리의 자유와 조국 대한민국을 수호하는 또 한 축의 수호신이 될 것으로 확신하며 이 위기가 기회로 변신하여 평화통일의 길로 이어져 7,000만 민족이 하나 되는 통일의 소원이 이루어지기를 간절히 빌어 마지않는다.

2. 북한 경제의 중국 예속화

북한은 계획경제를 기본 정책으로 하여 시장경제를 배제하고 있다. 자립적 민족경제 노선인 것이다. 생산의 인적, 물적 요소들을 자체로 보장할 뿐 아니라 민족 국가

내부에서 생산, 소비적 연계가 완결되어 수입도 필요한 최소한의 원자재 및 자본재만을 수입하는 보완적 차원이며, 수출도 원자재 및 자본에 필요한 외화 획득의 방편으로만 활용한다.

따라서 '국제적 폐쇄경제'로 결과되어 북한 경제가 빈곤상태에 이르게 된 뿌리이다. 북한 경제는 누가 도와준다, 지원한다는 것으로는 소생할 수 없는 원천을 가지고 있다. 계획경제, 민족경제, 주체경제 등으로 선진 자본주의 물결을 완전 차단하여야 하기 때문에 개혁 개방은 있을 수 없다고 보아야 한다.

따라서 북한이 언젠가는 개혁, 개방될 것이라고 기대하는 것은 환상이다.

김정일 살아서는 개방될 수 없는 것이다. 북한이 개혁 개방이 되면 김정일은 없어져야 하기 때문이다. 북한은 지금 식량, 에너지(전기, 석탄, 원유 등), 원자재, 외화 등의 절대량이 부족하여 공장 가동률이 30% 이하고 경제 자체가 마비 상태이다.

북한은 매년 200만 톤의 식량이 부족하여 인민들이 굶어 죽어가고 있다. 원인은 농토가 부족한 것이 아니고 김일성 주체사상에 의한 주체농법이 근본 원인이다. 협동농장과 국영농장에서 농사를 지어놓으면 정부가 가져가고 배급으로 살아가야 하니 생산성이 오를 리 없다.

주체 농법에 의해 여기에는 무엇을 심어라, 얼마의 소득을 올려라 하고만 다그치니 창의성이나 자발성이 나올 리 없으며 경쟁심과 경쟁력이 생길 수 없다. 인간은 노력한 만큼, 경쟁에서 이긴 만큼 자기 소득이 있어야 하는데 그렇지 않다면 자발성이나 경쟁심이 나올 수 없는 것이 인간의 본성이다. 그러니 북한의 식량 부족은 농업 기술 부족이나 가뭄이나 홍수 등의 자연 재해 때문이 아니라 북한의 주체사상 체제에 근본 원인이 있다.

북한은 거주이전의 자유가 없으므로 평생을 거의 한 곳에서 살아가야만 한다. 현재 북한에는 3,200개의 협동농장과 200개의 국영농장이 있다. 한 협동농장은 500~800세대로 조직되지만 지역마다 다른 경우가 많다.

이 협동농장 체제는 지난 50년대 이후 바뀐 것이 하나도 없다.

모든 농장의 농민들이 할당량이 정해져 있어 그 이상의 생산력을 발휘하지 못한다. 일요일도 없이 일하며 생산한 모든 수확은 국가 소유가 된다. 가을이 되면 수확의 일부만 농민들에게 주어질 뿐이다.

대개 성인 한 사람 당 250~300kg 가량의 곡식이 배급된다. 어린이들과 노인들에게는 이보다 적은 양이 배급된다. 이마저도 김정일 정권이 정한 작업량에 맞춰 작황을 해야만 주어진다. 그렇지 못할 경우 배급량은 줄어든다.

이렇게 비효율적인 협동농장 체제를 김정일 1인 독재 체제를 위하여 개혁하지 못하고 그대로 고집하고 있으니 식량 부족은 당연한 결과물이다.

소득을 많이 올릴 수 있는 개인 농 제도를 도입할 경우 김정일 체제는 일시에 무너지고 말기 때문에 지금까지 이 집단농장 제도의 불합리성을 단 한 번도 시정하려 한 적이 없다.

심지어 돼지나 염소 혹은 개와 같은 비교적 덩치가 큰 가축을 기르려면 당국에 신고해야 한다. 협동농장의 모든 재산은 이론상으로는 북한 국민의 공동 소유로 되어 있지만 이것을 믿는 북한 사람은 아무도 없다. 협동 농장의 모든 것이 사실상 김정일 정권의 소유이기 때문이다.

따라서 북한의 식량 부족은 김정일 체제가 부른 당연한 재앙이다. 남한이나 중국에서 도와준다고 해결될 일시적인 문제가 아니다.

더욱 염려되는 것은 북한의 모든 경제의 자생력이 거의 마비됨으로써 중국에 예속되는 속도가 너무 빠르게 진행되고 있다. 이대로 간다면 머지않아 북한은 중국의 한 성으로 전락될 가능성마저 점쳐지니, 동족으로서 대한민국 국민으로서 안타까움을 넘어 피 끓는 울분을 억제할 수 없게 만들고 있다.

북한은 식량, 원유, 생활필수품 및 기업 생산에 필요한 기계, 전자 설비, 철강, 화학제품과 농기계 등 모두를 중국으로부터 들여오고 있다. 중국은 지난해 북한과의 무역에서 2억 달러의 흑자를 본 것으로 추정하고 있다.

그리고 매년 1,000만 톤을 반출할 수 있는 아시아 최대인 무산 철광은 중국에 50년간 채굴권이 넘어갔고, 평안북도 몇 개의 탄광들도 중국에 채굴권이 넘어갔다. 또 혜산 동광과 만포 아연 광산, 회령 금광, 안주 철광 등의 채굴권이 중국에 넘어갔다. 현재도 북한의 각종 지하자원 사냥을 위한 중국의 대규모 투자가 줄을 잇고 있다.

중국은 철도, 항만 등의 인프라를 건설하지 않으면 북한 곳곳의 지하자원을 운반할 수 없다고 판단하여 항만 시설 등 사회 간접 자본과 소비재 시장 진출을 넓히고 있으며 최근에는 수산업 분야까지 확대하고 있는 실정이다.

북한의 북부 개발을 위하여 나진항의 50년 임대권도 중국에 넘어갔으며, 민족의 영산 백두산도 중국의 장백산으로 잘려 나갔으며 중국의 동북공정으로 한민족의 자랑스러운 유구한 역사마저 지워져 가고 있다. 김정일은 중국에 대해서는 왜 주체의 나라라고 배짱을 못 부리는 것일까? 민족의 일원으로 울분이 가슴을 치고 올라온다.

지금부터라도 통일을 대비하여 중국이란 외세의 대 한반도 정책에 대한 역사적 연구와 미래전략에 대한 분석과 대응이 절실하게 필요한 때이다.

중국은 올해 중 투먼(圖門)에서 함경북도 나진을 거쳐 청진까지 연결하는 철도를 착공할 계획이다. 또 무산 철광의 철광석 반출을 위해 중국 화룡(和龍)까지 연결하는 도로를 확장하고 있으며, 국경 교역을 위한 각종 시설 투자도 확장하고 있다.

북한 경제가 사실상 중국에 예속되는 속도가 빠르게 진행되고 있다는 점을 감안해 보면 김정일 정권 붕괴 시에 중국이 북한에 영향력을 행사하거나 자국의 재산과 이권을 지키기 위한 중국 군대의 북한 진주도 염려로 그칠 문제가 아니다.

김정일 정권이 붕괴된다면 막연히 남한의 자유민주주의

통일이 이루어질 것이라는 생각은 환상과 희망사항으로 끝날 수도 있다. 중국이 북한을 선점한다면 한국으로서는 어렵게 된다. 이런 것을 미리미리 예측하여 미국 등 국제연합과의 긴밀한 외교와 공조로 통일 한반도의 주권을 지키는 큰 그림의 외교에도 단단히 준비가 있어야 한다고 본다.

김정일은 북한 경제가 중국에 사실상 예속, 종속되어 있다는 것을 잘 알고 있다.

그러나 북한을 중국 모델로 개혁, 개방하려 해도 못하는 것이다. 60년을 지켜오는 북한의 계획경제, 주체경제를 버려야 하고, 김일성 주체사상을 버려야 하기 때문이다. 주체사상과 주체경제를 버린다는 것은 바로 대를 이은 김정일 1인 세습독재 정권의 몰락과 항복을 의미하게 되며 김정일은 한이 쌓인 민중으로부터 처참한 최후를 맞게 될 수 있기 때문에 뻔히 알면서도 지금의 폐쇄경제 체제를 끌고 갈 수밖에 없다.

김정일은 희망이 없는 정치와 경제를 일시에 해결할 수 있는 단 하나의 탈출구가 인민군대에게 핵무장을 시켜서, 미군을 철수시키고 남조선을 해방하여 공화국통일을 이룬다면 모든 고민이 일시에 해결된다고 굳게 믿고 있는 것이다. 이것은 김정일의 선택이 아니며 스스로 무너지지 않으려면 이 길밖에 다른 길이 없다고 생각하기 때문이다.

주체사상 체제를 이어받은 김정일 독재 체제는 매우 험난한 길목으로 접어든 것이다. 국가 경제가 중국에 너무 의존되어 있으며 남한의 지원 또한 불안한 것이다.

김정일은 날로 초조해지는 것이다. 중국의 사실상의 시장경제가 북한 깊숙이 침투되고 있어 북한의 주체사상을 흔들고 있으며 북한 사회를 물들이고 있기 때문이다.

다시 말해서 주체사상으로 살아가던 북한 사회와 인민들에게 돈으로 살아가는 법을 중국이 가르치는 격이 된 것이다. 중국처럼 북한 사회가 돈 맛을 아는 인민들로 가득 차는 날, 유일 독재 체제인 주체사상과 김정일 절대권좌는 종말을 고하게 될 것이다.

주체사상으로 살아가는 북한은 기본적으로 개인의 돈이 필요 없는 체제이다. 그런데 중국 물이 들어 돈이 필요한 세상 즉 돈으로 살아가는 세상이 된다면, 김일성 주체사상 체제는 돈을 벌어야 하는 인민의 적이 될 수박에 없다.

따라서 중국의 돈맛이 북한에 자꾸 퍼지는 것이 김정일로서는 좌불안석일 수밖에 없으며 하루 속히 핵무장으로 남조선혁명을 해야겠다는 절박성에 볼모가 되어 있다고 해야 할 것이다.

북한의 어느 것을 보아도 희망과 장래가 보이지 않고 오로지 단 하나 핵무기를 앞세워 미군철수시켜서 적화통일한다는 시나리오 이외는 가능성이 없으니 선군정치로 강성대국 만들겠다고 하는 것이다.

따라서 향후 한반도에는 김정일의 남조선혁명전쟁 열풍이 몰아칠 것이라는 예상으로 우리는 만반의 국가적, 국민적 대비책으로 반드시 막아내어 김정일 시대를 마감하고 오히려 김정일 이후의 시대를 열어가야 한다.

3. 김정일의 대남 혁명전쟁

북한 김일성은 1962년 4대 군사 노선을 채택하여 군비를 증강시켜 왔다. 6·25 남침에서 성공하지 못한 요인들을 분석하여 해결하고 결정적 시기를 만들어, 기어코 대남 혁명전쟁을 끝내겠다는 첫 사업이 4대 군사 노선이다.

첫째, 전 인민을 무장시켜서 전후방이 동시에 공격과 방어선을 구축할 수 있는 개념을 채택하였다. 특히 교도대

160만 명은 항시 전선에 정규군으로 투입할 수 있는 예비대이며 붉은 청년 근위대 90만 명 또한 잘 훈련된 예비 병력이며 390만 명의 노농적위대는 북한 후방을 지키는 보루로 편성 훈련되어 있다. 북한 인민은 어린이, 노약자, 병자를 제외하고는 모두 총을 들고 있다.

우리나라의 예비군과 민방위대에 해당하는 이러한 예비 병력은 훈련시간, 훈련강도가 현역군에 준한 정도이며 개인 화기는 물론 기계화 중무장되어 있으며 사실상의 전투 병력이라고 해야 할 수준이다. 모두가 북한군에서 7년에서 12년의 군사 복무의 경력자들이므로 전 인민의 무장화가 완성되었다고 보아야 할 것이다.

둘째, 전 국토의 요새화에 따라 북한의 거의 모든 군사 시설이 지하 요새화되어 있으며 갱도화 되어 있다. 북한은 공군 기지, 각종 포, 미사일, 해군 기지, 군수 공장 등이 모두 지하 깊숙이 들어가 있다.

심지어 잠수함 기지도 바다 밑에 건설되어 있는 정도이며, 비행기 격납고 등도 지하화 되어 있다. 따라서 맑은 날은 비행기를 지하 요새에서 밖으로 끌어내어 말리는 광경이 목격되기도 하며 전차, 미사일, 각종 포 등 기계화 부대가 지하 요새에서 작전이 가능한 정도이며, 미국의

'벙커 버스터'로도 쉽게 파괴할 수 없는 정도이다.

셋째, 전 군의 현대화는 북한의 어려운 경제 사정을 뛰어 넘어 꾸준하게 이루어져 왔으며 주로 남한을 기습 선제 공격할 수 있도록 되어 있다. 미사일, 대량 살상 무기인 화생 무기, 잠수정, AN-2 항공기 등은 가공할 침투력을 가지고 있으며 12만 명의 특수부대는 공중으로 해상으로 동시에 2만 명을 남한 후방에 침투시킬 수 있는 수단을 보유하고 있다.

이 특수부대 조직을 분석하면 전선의 공격과 때를 같이하여 남한 후방을 완전 교란하고 우리 국군의 전선 병력을 와해 분산, 약화시키겠다는 전략으로 판단된다. 침투 특수부대는 남한의 친북 혁명세력과 연계하여 교란, 파괴전을 벌일 것이다. 그리하여 전후방 동시 공격으로 단기, 속결전으로 전쟁을 끝내겠다는 전략 전술인 것이다.

넷째, 전 군의 간부화는 군의 질적 향상을 의미한다. 인민군대 복무 기간을 7~12년으로 한 것은 여러 가지 이유가 있겠으나 6·25 전쟁 시의 실패 요인을 간부의 부족이라고 판단한 것을 보완 해결한 조치라고 판단한다.

또한 언제라도 몇 십 개 사단을 새로 만들 수 있게 모든 정규군 병사가 지휘관이 될 수 있도록 훈련을 받는 것이다. 따라서 북한의 정규군을 몇 배로 증강할 수 있는 만반의 준비를 갖추었다고 보아야 한다.

또다시 전쟁 준비에 착수한 북한 김일성은 1964년 2월 27일 조선노동당 중앙위원회 제4기 8차 회의에서 3대 혁명역량 강화를 채택하였다.

이것이 대남 혁명 전략의 기본인 것이다. 첫째, 공화국 북반부를 정치, 경제, 군사적으로 혁명역량을 강화시킨다. 둘째, 남조선 인민들을 정치적으로 각성시키고 튼튼히 묶어세움으로써 남조선혁명역량을 강화시킨다. 셋째, 국제혁명역량을 강화시킨다는 것이다.

따라서 북한은 4대 군사노선의 완성과 2006년 10월 9일 핵실험으로 북한의 혁명역량 강화를 달성하였다고 장담하게 된 것이다. 그리고 북한은 남조선혁명역량을 강화하기 위하여 핵무기를 앞세워 가장 강력한 정치적 공작과 군사 작전을 병행한 통일 전선을 구축하려 들 것이다.

첫째 - 북한은 남한을 공격하기 위하여 핵 무장한 것이 아니라 외세 침략군을 몰아내고 우리 민족의 평화를 위해 핵을 가졌으니 남북한이 함께 미군을 한반도에서 몰아내자고 정치 선전과 더불어 강력한 역공을 펼칠 것이다.

둘째 - 남한의 친북 조직망을 강력한 혁명 전투 조직으로 강화하여 정치 투쟁을 전개하는 한편 최종 단계에서는 무장 투쟁 단계까지 확대시켜 나갈 것이다.

정치 투쟁 단계에서는 전체 친북 조직을 기능별로 세분화하여 미국과 관련된 모든 문제를 쟁점화 하여 시위, 충돌, 자해, 폭력 행사 등으로 사회를 혼란시키고, 이런 투쟁의 원인이 미국 때문이라며 미군철수시위를 필사적으로 전개하여 미군철수의 공론화를 고조시킬 것이다.

미국과 미군철수를 위하여 각 분야별로 주력군을 형성하고 보조군으로 하여금 항시 협력 체제를 유지하게 하며 최고 지도부는 북한과 연계하여 인민민주주의혁명 전략을 수행하는 전위대로서 남한을 혼란에 빠뜨려 와해시키려 할 것이다.

셋째 - 한편 북한은 미국과 직접 대화와 담판을 벌여서 미군철수를 주장하고 남한에는 국가보안법 철폐를 조건으로 휴전체제를 평화체제로 전환하고 평화협정을 체결하여 한반도의 영구 평화를 보장하자고 치고 나올 것이다. 이것이 북한의 체제 보장이요 한반도의 평화공존 체제라고 정치적, 군사적 총공세를 펼칠 것이다. 물론 미군철수와 동시에 북한의 핵무기도 폐기한다는 조건을 달 것이다. 결론적으로 미군철수와 북한핵 폐기를 맞바꾸자고 대공세를 펼 것이다.

넷째 - 남한에서 반전, 평화의 북한 정치 공작이 먹혀들어 미군만 철수하면 북한핵이 폐기되고 전쟁 없이 남북이 평화롭게 같은 민족으로서 살아갈 수 있겠구나하는 꿈같은 이야기가 여론으로 대세를 이루는 현실이 나타날 때에는 미국과 미군도 속수무책일 것이다.

한 나라의 주권자인 국민이 내부로부터 무너져 내리는데 미국인들, 미군인들, 세계인들 속수무책으로 어떻게 할 수 없을 것이다. 이것은 이미 월남전에서 증명 되었다.

다섯째 - 설령 극적으로 타결이 되어 북한이 핵을 폐기한다 하더라도 핵무기를 만드는 기술과 시설까지 없어지는 것이 아니라는 데 문제가 있는 것이다. 미군이 없는 남과 북은 낮은 단계를 거치든 거치지 않든 간에 북한의 통일 전략대로 고려민주연방공화국으로 통일 국가를 구성하고야 말 것이다. 그리하여 UN에 단일 국호로 가입할 것이다.

여섯째 - 그 이후시기를 보아 북한이 정치, 군사적으로 남한을 공략하여 점령한다 하여도 UN은 아무 역할도 할 수 없게 되는 것이다. 그것은 고려민주연방공화국 한 나라의 내부 문제이니, 국제연합이나 미국이 간섭할 수 없는 것이다.

이와 같은 사례는 경우는 조금 다르지만 이미 중국과 베트남 통일에서 성공하였으며, 그렇게 생소한 이야기가 아니다. 이것은 가상만이 아니고 지금 북한이 진행하고 있는 김정일의 남조선혁명 전략과 전술의 실체를 대강 요약한 것이다.

북한은 2006년 7월 5일 미사일 발사와 10월 9일 핵실험으로 북한의 핵 공격 능력을 남한을 비롯한 전 세계에 확인해 보였다. 북한의 핵과 미사일로 무장한 군사력이 남한은 물론 한미연합군과 미국·일본 본토 공격까지도 할 수 있으니 북한의 요구에 응하라는 정치적 군사적 메시지가 담겨 있다고 해석된다.

우리 한반도 문제는 우리 민족끼리 해결할 터이니 미국은 빠지라는 것이 북한의 기본적인 대남 전략이다. 이것이 북한이 미국에 요구하는 체제 보장이며 이러한 시나리오가 북한의 평화통일 방안인 것이다. 최근에 와서는 6·15 공동 성명 정신과 민족공조를 전면에 내세우는 것이다.

일곱째-북한은 미사일과 핵실험을 한 올해부터 1~2년

간 미국과 한국을 세차게 몰아붙일 것이다. 다만 표면으로 나타나는 전술은 강약을 조절하며 양보와 강공을 넘나들 것이다.

은근히 핵과 미사일로 무장한 막강한 군사력을 압력 수단으로 이용할 것이다. 그리하여 남한의 민심을 공포와 평화의 양면으로 흔들어 댈 것이다.

이와 같이 북한 김정일은 모든 전략 전술을 총동원하여 남조선해방을 위한 혁명전쟁에 골몰하고 있는 것이다. 김정일이 성공을 자신하고 있는 혁명전쟁의 전개 양상을 살펴보기로 하자.

그렇다면 김정일이 펼치고 있는 혁명전쟁의 전략과 전술의 원조는 누구이며 어떠한 성공의 역사를 가지고 있는지 살펴보기로 하자.

김정일은 파쇼의 원조인 히틀러를 존경 한다는 확실한 증언이 있다. 이것은 히틀러의 전쟁 전략과 전술을 존경한다는 뜻일 것이다. 또한 김정일의 대남 전략 전개 과정이 히틀러의 전략, 전술과 거의 닮아 있다는 것을 쉽게 알 수 있다. 히틀러는 소련 볼세비키의 혁명 전술을 연구하여 응용했고, 배후 교란과 기동전을 병행하여 펼치는 징기즈칸의 기마 군단 전술을 융합한 형태라고 볼 수 있다.

히틀러는 전쟁을 군인들의 고유 영역으로 보지 않고, 선전, 침투, 교란, 심리전 등 혁명의 기술이 총동원되는 국가 총력전으로 판단한 것이다. 히틀러는 혁명전쟁에 있어서는 군사적 천재로 평가되고 있다.

히틀러는 혁명전쟁의 승리를 위하여 히틀러 자신의 이념에 동조하거나 출세지향적인 자생적인 협조자를 적국의 지도층 내부에서 확보했다. 이런 환경을 조성한 뒤 결정적 순간이 오면 특공대를 여행객이나 민간인으로 가장하여 침투시킨다. 이들은 위장된 소문을 퍼뜨리고 적국의 지도적 인물을 암살, 납치한다.

특공대가 추가로 투입되어 이들과 협력하여 후방을 교란한 뒤 기동 공격 부대가 결정타를 날리는 것이다. 히틀러는 정면 돌파 작전은 어리석은 짓이라고 경멸했다. 후방 침투, 교란, 우회 돌파가 그의 특기의 기본이다.

히틀러는 침공에 앞서 반드시 상대국과 불가침 조약과 평화협정을 맺어서 안심시킨 후 혁명전쟁으로 먹어치운다. 히틀러의 전쟁은 두 개의 축이 있는데, 첫째는 적국의 사기를 무너뜨리는 일(Demoralization)과 적국의 조직을 교란시키는 일(Disorganization)이다. 근대 전쟁에서 이와 같은 히틀러의 혁명 전략을 전술로 전개하여 성공한 것이 1938년 독일 제국 건설을 위하여 오스트리아를 점령 합병시킨 것이 혁명전쟁의 본격적 시원이라고 할 수 있을 것이다.

히틀러는 오스트리아 출신으로 독일 수상에 올랐다. 독일과 오스트리아는 한 민족, 한 국가로 통합될 수 있는 역사적 뿌리를 가지고 있는 나라였다. 히틀러는 오스트리아를 점령 합병하는 혁명전쟁의 첫 단계로 오스트리아 안에 나치당을 만들었던 것이다.

나치 당원들은 위에서 설명한 혁명전쟁의 전술을 과감하고 치밀하게 전개하여 오스트리아 국민과 사회를 대 혼란에 빠뜨리고 독일과 대 통합을 이루자는 주장과 여론이 압도하는 세상을 만들어내고 한편 나치당원 행동대는 오스트리아 수상 돌푸스를 암살해버린다.

때를 같이 하여 나치 당원들은 일제히 일어나 독일 민족주의를 외치면서 독일과 통일하자고 대대적 소요를 일으키면서 납치, 감금, 협박, 교란, 심리전 등 혁명전쟁 전술을 총동원하여 국가와 사회의 주도권을 장악하였다. 결정적 시기가 왔다고 본 히틀러는 1938년 2월 돌푸스의 뒤를 이은 수상 슈스니크를 잘츠부르크 별장으로 불러서 만났다.

히틀러는 군대를 동원하여 쳐들어가겠다고 협박한 뒤 평화적 해결 조건을 제시하였다. 히틀러는 이 조건만 들어주면 오스트리아의 주권을 보장하겠다고 약속한다.

히틀러의 조건은 "투옥된 나치 당원과 돌푸스 수상 암살범을 석방할 것, 공직에서 해직된 나치 당원들을 전원 복직시킬 것, 내무장관, 국방장관을 나치당원으로 임명하고 통일을 방해하는 선전장관을 해임할 것" 등 이었다. 히틀러는 슈스니크 수상에게 3일 간의 여유를 주고 최후통첩을 하였다. 다시 말해서 오스트리아 군대와 경찰과 정부의 입을 무력화시키고 점령하겠다는 것이다.

드디어 힘이 빠져버린 오스트리아 정부가 이를 받아들이자마자 히틀러는 오스트리아 나치 당원들의 대규모 폭동을 유도한 뒤, 오스트리아 나치당이 집권하도록 만들고, 두 달 만에 나치 군대의 총 공격으로 오스트리아를 먹어치우고 말았다. 오스트리아 정부는 최후 순간에 자국군의 저항을 금지시키고 독일군의 오스트리아 진주에 길을 내주고 자멸했다. 이것이 히틀러 혁명 전략의 요약이다.

이밖에도 히틀러는 1938년 슈데텐 지방을 획득하기 위한 구실로 체코슬로바키아를 침공 합병하였으며, 1939년 9월 1일 세계 제2차 대전을 일으키고, 1940년 5월 10일단 6주 만에 막강한 프랑스 군을 잠재우고 점령해버렸다.

6월 14일 히틀러는 프랑스 군의 아무런 저항 없이 파리에 입성하였다. 이 모든 군사 침공 작전에는 히틀러식 혁명전쟁 전술을 기조로 하였다는 점에 주목해야 하겠다. 그 후 이러한 혁명전쟁의 양태는 약간의 변경은 있었으나 베트남 전쟁에서 월맹군의 기본 전략과 전술로서 단 기간 내에 월남을 패망시켰으며, 중국의 국· 공 내전에서도 누구도 상상할 수 없었던 모택동 홍군(紅軍)이 장개석의 국부군(國府軍)을 전멸시키고 중국 천하 통일을 이루게 하였다.

현대전은 국가 총력전으로 치루 어지고 있으며 그 바탕에는 히틀러 식 혁명전쟁의 기조가 깔려 있다고 하겠다.

지금 북한 김정일은 히틀러의 혁명전쟁 수법을 남조선 혁명에 그대로 이용하여 기어코 남한 적화통일을 끝내겠다는 것이다. 우리 국민이 힘을 모아 나라를 지켜야 한다는 것이 바로 이러한 이유 때문이다.

여덟째 - 북한의 대남 전략은 선군정치와 강성대국으로 표출되어 있고, 노동당 규약 3대혁명역량강화, 조국통일5대강령, 고려민주연방제통일방안, 민족대단결10대강령 등

셀 수도 없는 대남 관련 정책과 전략을 분석해 보면 남조선혁명전쟁 전략 전술을 어렵지 않게 확인할 수 있다. 문제는 여기에 우리 사회가 물들어가고 있으며 전 국민적 경각심이나 대응 태세가 현재로서는 되어 있지 않다는 것이다.

이제부터라도 우리는 북한을 바로 알아야 한다. 알아야 대책을 세워 맞설 수 있다. 이제라도 우리가 뭉치면 이 난국을 극복하고도 남음이 있다. 이 위기를 넘기면 김정일은 남조선혁명을 꿈속에서 그리며 영원히 한반도에서 사라질 것이다.

바야흐로 통일의 여명이 밝아올 것으로 확신한다. 우리는 북한의 전략을 정확하게 알고 흔들리지 않고 사회 혼란을 잠재우면 된다. 우리가 알고 행동하여 사회 안정을 이루게 되면 우리의 생명과 자유를 보장받는 길이 열리게 된다.

4. 북한의 6자회담 전략 전술

6자 회담 당사국들이 표방하는 구호는 형식적으로는 모두 한반도의 비핵화에 찬성하고 있다 그러나 속셈과 내용은 각기 다르다고 해야 할 것이다.

미국은 현재로서는 북한핵 폐기가 절대적 목표이기는 하지만 더 큰 관심사는 북한의 핵이 제3국으로 이전되거나 특히 테러 집단에게 이전되는 것을 방지하는 데 초점이 맞추어져 있다.

중국은 한반도의 비핵화 즉 북한 김정일의 핵무기 보유를 반대하고 있다.

그렇다고 당장 북한 김정일을 내칠 수도 없는, 어찌 보면 진퇴가 어려운 입장이라고 할 수 있다. 북한핵 폐기에 있어 미국과 중국이 실제적인 합의점을 이루고 행동 통일을 할 수 있느냐, 없느냐 가 북핵 해결의 열쇠라고 하겠다.

일본은 북한핵 폐기에 적극적인 입장이다. 더욱이 노동급 미사일의 사정권에 들어있는 일본은 과민 반응을 보이고 있다.

러시아는 한반도의 안정이 러시아의 태평양 진출과 교류에 유리할 뿐 아니라, 과거 소련 시절에 맺었던 동맹관계 등으로 김정일 정권의 현상 유지를 바라고 있으나 핵 보유 자체는 반대하면서 점차 발언권을 높여 나갈 것이다.

북한은 핵보유를 기정사실화 하고 핵보유국으로서 지위를 과시하려 할 것이다. 핵 주권을 내세우며 한반도 정치, 군사, 외교문제에 주도권을 행사하며 체제보장을 요구할 할 것이다. 북한의 체제보장은 미군철수, 불가침조약, 평화협정 체결이며 다음이 연방제통일인 것이다.

한국은 햇볕정책과 포용정책의 기조를 급격하게 변경할 수 없을 것이며 남북이 휴전선에서 직접 대치하고 있는 당사자로서 꽤나 조심스러운 상황이다. 따라서 5자 참가국들과의 조화를 이루려고 고심하고 있다고 하겠다.

UN 안보리 결의 1718호 대북 제재로 북한을 봉쇄하는 실제 행동은 이와 같은 당사국들의 입장 차이로 미묘한 줄다리기가 진행되고 있다. 이 틈을 비집고 북한은 2006년 10월 31일 중국 베이징에서 북·중·미 비공식 회담 끝에 6자 회담에 참가하기로 합의했다는 것이다. 예상 되었던 일이다.

북한은 핵실험을 강력히 만류한 중국을 의식하지 않을

수 없다. 중국은 북한의 생명선이고 인민군대의 유일한 병참선이다. 만약 중국이 모든 거래와 지원을 전면중단한다면 북한은 핵무기를 가졌든 안 가졌든 살아갈 수 없을 뿐더러 인민군대와 핵무기를 안고 종말을 고할 것이다.

이러한 중국의 강력한 요구와 압력까지 무시하면서 핵실험을 감행하였으니 북한으로서는 핵 보유를 한 상태에서 중국을 달래고 중국의 체면을 세워줄 필요가 절실한 것이다. 특히 미국에 대하여 중국의 위상을 높여줌으로써 북한핵 문제 해결의 주도권을 중국이 행사할 수 있도록 하는 전술도 염두에 두었을 것이다.

따라서 6자 회담 당사국이나 UN 회원국들이 중국의 역할에 의지하게 하고 중국의 눈치를 보게 하는 고도의 전략과 의도가 있는 것이다. 북한은 6자 회담에 참가함으로써 호전적인 테러 집단의 이미지를 완화시키고, 핵보유국으로서 당당함을 보이고, 좀 더 강력한 자세를 과시하면서 전면 승부를 걸어볼 필요를 느꼈을 것이다.

6자 회담에 참가 자체만으로도 중국과 한국 등에서 지원과 교류를 통해 얻을 것은 얻자는 숨고르기 계산 또한 치밀하다고 하겠다.

그러면서 시간을 벌자는 것이다. 시간은 북한에 숨을

쉬게 하고 대북 제재와 봉쇄를 완화시키는 열쇠이기 때문이다.

동시에 남한의 친북세력을 조직화하고 혁명역량을 강화시켜 북한핵 보유의 모든 원인자는 미국이다고 몰아붙일 것이다. 미 제국주의 침략을 막아내기 위하여 핵을 가졌으니 한반도에서 미국과 미군이 철수하면 북한이 핵을 가질 필요와 이유가 없다는 대규모 위장정치 공세와 침투공작을 벌일 것이다. 한편 친북세력을 동원하여 끈질기고 대대적인 시위와 폭력성 데모로 남한의 민심을 흔들고 미군이 없으면 전쟁 없는 평화가 찾아올 수 있다는 여론을 일으켜 남남갈등을 부추길 것이다.

북한은 남한에 핵이 있든 없든 미군 주둔이 곧 핵이라고 몰아 부칠 것이며 미군철수만이 민족의 평화와 생존의 유일한 길임을 쟁점으로 부각시키려고 대남 공작의 역량을 총동원할 것이며 남한을 마비시키려고 할 것이다.

이것이 북한의 인민민주주의혁명 전략이며 혁명전쟁의 시작을 알리는 것이다.

북한은 남한의 반미 상황과 6자 회담을 연계하여 강약을 조절할 것이다. 남한의 대부분의 국민들은 방관하거나 무관심하거나 움츠러드는 사이에 친북세력은 직업 혁명가로 변신하여 반미 시위를 더욱 조직적으로, 입체적으로,

전방위적으로, 전천후적으로 진행해 나갈 것이다.

북한핵 보유가 미국의 책임으로 전가되어가는 사이 같은 동족끼리 돕자는 분위기를 조성하여 식량, 비료, 금강산, 개성 공단 및 인도적 지원을 명분 삼아 남한에서의 지원을 끌어내는 일에도 열을 올려 북한의 숨통을 틔워 나갈 것이다.

북한은 남한의 민심을 흔들어서 미군을 철수시켜 끝내는 남조선혁명을 완료한다는 것이 북한의 핵 보유의 실체이며 6자 회담의 기본자세인 것이다.

미군이 철수한다면 북한의 인민민주주의혁명 전략은 1단계가 성공하는 것이다. 그다음 단계는 인민민주주의 정부(북한과 통합할 수 있는 정부)를 세워 북한과 연방제통일 국가를 세운 다음 남한의 국방, 치안, 정보기관을 약화시키고 인민군의 총공격으로 남한을 통일한다는 것이 김정일의 남조선혁명전쟁인 것이다.

여기에서 북한핵 폐기의 큰 변수가 있다면 미국일 것이다. 미국은 북한의 핵무기 보유 자체를 억제하고 막아야 하겠지만 실제적으로는 북한의 핵 보유자체만으로 미국의 안전이나 이익에 큰 타격이나 손해가 있다고 보기에는 무리가 있는 것이다.

그보다 미국입장에서 볼 때 북한의 핵이 제3국이나 특히 국제 테러집단에 이전되는 것이 초미의 관심사인 것이다. 북한의 핵이 테러 집단을 통해서 미국의 직접 공격의 위협이 되는 것을 효과적으로 막을 수만 있다면 다른 것은 제2, 제3의 문제로 밀려날 수도 있는 것이다.

이것이 우리 대한민국과 근본적 이해의 차이라고 하겠다. 우리 한국은 북한핵의 존재 자체가 큰 위협이며, 미국은 북한핵의 제3국 내지 테러 집단에 이전되는 것이 큰 위협일 수밖에 없기 때문에 한 배를 탔으면서도 한·미 간에는 최종적 입장은 다르다고 볼 수 있다. 따라서 대북협상에서 모든 것을 다 얻지 못하고 부득이 최종적 이익 하나만을 택해야 되는 단계가 온다면 동맹으로서도 해결할 수 없는 갈림길이 생기지 않는다고 단언할 수 없는 것이다.

이것을 잘 아는 북한으로서는 오로지 미국과 직접 대화하고 협상함으로써 평화협정, 미군철수만이 북한의 유일한 체제 보장이며 한반도 유일의 비핵화 방안이라고 오히려 역공을 펼친다면 6자 회담 당사국들도 혼동을 일으키게 될 것이다.

미국은 미국 내의 정치 상황과 이라크, 아프간 등 또 다른 세계 상황과 맞물려 북핵 문제에 더 이상 적극적 억제역량을 발휘하지 못할 처지가 된다면 국제적 보장, 감시라는 조건은 붙겠지만 미국은 북한과 극적 타결을 이루어 북핵 폐기, 평화협정, 미군철수가 실현될 수 있는 변수가 내재되어 있다는 것을 한번쯤은 생각해볼 필요가 있다는 것이다.

평화협정은 몇 가지 단계와 절차 등이 있겠으나 결과적으로 고려연방제 통일국가로 가게 될 것이며 최종적으로는 북한의 통일전략에 빠져들게 될 것이라는 것은 쉽게 예상할 수 있게 하는 것이다. 따라서 지금 한국은 UN 안보리 대북 제재와 굳건한 한미동맹으로 북핵을 저지 폐기시키느냐, 극적 상황 전개로 미군철수, 평화협정, 연방제 통일이냐의 운명의 갈림길에 서 있다고 하는 것이 정론일 것이다.

우리 정부와 국민은 모든 경우에 대비하여 하늘도 깜짝 놀라는 지혜를 모아야 할 때이다. 미리알고 대비하는 자에게 길은 열리게 되어 있다.

거리에서 지금 이루어지고 있는 반미, 미군철수 데모와 시위를 무관심하게 넘길 수 없는 것이 바로 이런 이유에서 이다.

13장 대한민국 수호의 총력전

나홀로 잡은 방패
불안 하구나
연합사 어깨동무
모은 힘 치켜들어
호국깃발 휘날리세
위장평화 밟고 지나
안정사회 이룰지고....

13장
대한민국 수호의 총력전

1. 조국수호를 위한 국민의 역할

지금까지 많은 문제제기와 답을 구해 보았다. 이번 김정일의 핵실험으로 빚어진 사태는 우리의 대응여하에 따라 엄청난 재앙이 될 수도 있고 기회가 될 수도 있는 갈림길에 우리 모두 서 있는 것이다. 지금은 김정일의 핵무기를 제거시키겠다는 국제연합과 김정일의 대결이 시작된 상황이다. 여기에 우리는 제일 가까이에 있다. 그러면 우리는 무엇을 어떻게 해야 하겠는가? 문득 미국의 제 35대 대통령 J.F 케네디의 연설문이 떠오른다.

> And so, fellow Americans, ask not what your country can do for you, ask what you can do for your country.
> 자, 미국 국민 여러분, 조국이 여러분을 위해 무엇을 할 수 있을 것인지 묻지 말고, 여러분이 조국을 위해 무엇을 할 수 있는지 자문(自問)해 보십시오.

참으로 이 연설문이 지금 우리의 가슴을 적시고 우리의 할 일과 우리의 갈 길을 열어주는 것만 같다. 그렇다면 지금 우리 4,800만 국민은 조국 대한민국의 자유와 평화를 수호하기 위해 무엇을 할 것인가?를 살펴보기로 하면서 이 장에서는 총 종합해서 문제를 제기하고 답하는 내용으로 엮어가려고 한다. 첫째, 국민의 역할, 둘째, 정부의 대북정책, 셋째, 국민의 역할과 한미연합 체제, 넷째, 사회 정화와 당국의 역할, 다섯째, 정치권의 역할, 여섯째, 전시작전통제권, 일곱째, 베트남전의 생생한 교훈 여덟째, 월남 패망의 교훈적 결론, 아홉째, 북한이 월남전에서 얻은 교훈으로 나누어 살펴본다.

지금 우리 국민 대부분은 생활에 고달파 다른 생각을 할 여유를 갖지 못하고 있다. 없는 직장 구해서 다녀야 하고, 있는 직장에서는 밀려나지 않아야 하고, 장사하는 사람들은 너무 힘들고, 중소기업은 경기가 좋았던 것이 옛날처럼 느껴지고, 대기업도 환율이다, 중국의 추격이다. 여간 힘든 게 아니다. 잘 살고 견디기에 괜찮은 사람들도 있겠지만 대체적으로 서민들 생활의 주름은 잘 펴지지가 않고 있다. 정부도 힘을 꽤나 쓰고 있지만 전망이 그리 밝지만은 않다고 한다.

이런 판국에 북한에서는 핵무장을 했다고 야단법석이니

각자 속으로는 신경 쓰이는 것이 사실일 게다. 지금 우리 국민 각자는 나와 내 가족의 생명과 자유와 평화를 내가 지킨다는 마음을 가져야 한다. 이러한 생각이 하나 된 힘으로 모아진 국민정신이 정부와 힘을 합쳐 이 난국을 이겨내야 할 것이다. 그리하여 통합된 남한의 국민 역량으로 전쟁만은 반드시 막아내야 한다. 여기에 나와 네가 따로 없다는 생각으로 우리의 힘을 한 곳으로 모아야 할 때이다. '정부가 있으니 알아서 하겠지' '군대와 경찰이 있으니' '미군이 이 땅에 있으니' '내가 뭘 안다고' '내가 무슨 힘이 있느냐'하면서 무관심한다면 이번 일은 정부와 국군만이 할 수 있는 일이 아니다.

그렇다면 어떻게 해야 하는가? 우리가 어렵고 힘들더라도 우선 하루 10분~30분이라도 나라를 생각하고 걱정하는 시간을 가지자.

전문가는 아니지만 '내가 뭘 알아야지' 하지 말고 북한핵의 본질을 정확하게 알기로 하자.

시중에 떠도는 말로 미국 자기네도 핵을 가지고 있으면서 왜 북한은 안 된다는 것이냐, 북한이 설마 같은 동족인데 남쪽 우리에게 핵을 쏘겠느냐, 미국 때문에 북한이 핵을 가졌으니 미국하고 말을 하면 잘 풀릴 건데 우리가 알 수 있나, 통일되면 다 우리 것인데 우리가 왜 안 된다는 것이냐 등 말도 많고 답변도 가지가지다.

여기에 대한 답이 될 만한 이야기는 앞에서 대강 짚었다고 보고 다음 이야기를 시작하겠다. 위의 이야기들은 정말로 책임 없는 말이며 위험한 말이다. 바로 북한이 노리고 있으며 이런 말들이 전파되어 경각심이 풀려 안보불감증으로 번지면서 "이런 것들은 내가 알 바 아니다"와 같이 민심이 돌기만을 학수고대하면서 기다리는 것이 북한이다. 북한을 이롭게 하는 것은 곧 우리의 자멸이다.

북한을 바로 알고 배우는 시간을 하루에 단 몇 분씩이라도 가져서 북한의 핵으로 인해 나와 내 가정이 큰 일 날 수도 있겠구나 하고 생각하며 내친 김에 대비까지 하자는 것이다. 다시 말해서 우리의 안보불감증의 원인을 치료하여 경각심으로 바꾸자는 말이다.

외국의 많은 사람들, 특히 미국이나 캐나다 등 해외에서 살고 있는 우리 동포들은 우리 한국 국민은 북한 핵실험을 별로 신경 쓰지 않거나 심지어 북한핵 이야기가 나오면 귀찮아하는 경향까지 있다면서 우리나라의 소위 안보불감증에 대하여 걱정하고 있다.

북한핵을 정확하게 모르는 것이 무관심의 원인이라고 생각한다. 이제는 우리 국민들이 북한핵무기의 위력과 내용을 정확하게 알아서 대비하는 자세가 필요한 것이다. 그렇게 하지 않으면, 떠도는 몇 마디의 말에도 흔들리고 급기야는 사회불안의 요인이 될 수도 있는 것이다. 우리 모든 국민들이 북한핵을 바로 알게 되면 북한핵을 절대 용납할 수 없다는 국민정신의 대통합으로 대한민국 수호의 기치를 높이 들 수 있다고 확신한다.

지금 각종 시위에서 미군 나가라고 하는 것은 남한이 핵을 가진 북한에게 앉아서 당하자는 것과 마찬가지 이야기가 된다. 마치 사람을 치겠다고 망치든 망나니 앞에 맨손으로 서 있자는 것과 같은 것이다.

그리고 미군이 무조건 싫으니까 나가라고 하는 것은 북한의 김정일의 말과 똑같은 말이다. 지금 미군기지 이전에 반대하는 것을 예로 들어보자. 미군기지 이전을 하는데 농민과 서민들의 보상이 적어 생활이 어렵게 되니 대책을 세우라고 시위나 데모를 한다면 그것은 이유가 되고 이해가 되는 말이다.

그러나 그런 핑계를 대면서 진짜 이유는 미군은 들어오지 말고 나가라는 것이다. 대부분 국민은 무관심이다. 우리 국민의 무관심이 이렇게 계속된다면 이것은 우리의 안전보장을 해치는 사회불안으로서, 북한이 오판할 수 있는 빌미가 될 수 있다.

이것을 바로 북한이 노리고 있다. 이제부터는 우리 국민이 달라져야 한다.

북한의 정체를 바로 알아서 국민정신의 통합으로 여론을 주도하고 압력을 가해 이런 사회 불안의 근원을 우리 국민이 막아야 한다. 모든 언론도 모든 수사기관도 발 빠르게 움직여야 한다. 미국이나 미군을 규탄할 사건이 생겼을 경우, 그 사건을 규탄해서 해결하면 된다.

그렇지 않고 무슨 일이 있을 때마다 미군철수만을 주장하는 것은 다른 정치적 의도가 있다고 보아야 한다. 따라서 이런 어려운 문제를 정부에게만 미루고 국민은 구경꾼이 된다면 사회혼란과 국론분열은 물론 나라 전체가 크게 손상을 입을 수 있다.

우리나라의 절대 다수의 침묵하는 국민들은 이제는 더 이상 침묵을 계속해서는 안 된다. 국민의 힘으로 국민의 함성으로 이 사회를 정상적인 민주사회로 이끌어가는 발언권을 행사해야 될 때가 왔다.

북한의 김정일 노선과 연계되거나 북한의 남조선혁명을 위장한 조직과 활동을 막는 것도 우리 국민의 몫이다. 그리하여 우리 조국 대한민국을 우리의 힘으로 수호해야 한다.

2. 정부의 대북정책

지난 국민의 정부 시절에 대북 햇볕정책, 지금 참여 정부의 포용정책은 평화통일을 지향해 나가기 위한 민족화해와 남북교류협력의 수단으로 등장한 것이다. 그리하여 성과도 있었다고 할 수 있다. 그러나 지금은 그것이 핵으로 돌아온 이 시점에서 말 못할 정부의 입장도 있겠으나 마치 수단이 목적으로 둔갑된 느낌이 들 때가 있다. 포용정책이라는 수단이 문제와 난관에 부딪치면 목적을 위해 수단을 바꿔야 한다. 부산을 출발하여 서울에 가려고 하면 당연히 가장 빠른 고속도로라는 수단을 이용해야 하는 것은 불문가지이며 당연지사이다.

그러나 그 빠르던 고속도로가 웬일인지 중간에서 막혀 도저히 갈 수 없다면 그 원인을 살펴 좀 불편하더라도 국도나 지방도를 이용하는 수단 변경을 해서라도 서울 목적지에 제시간에 도착하여야 하는 데도 가던 고속도로를 버리고 국도로 간다고 시비를 걸고 나쁘다고 하면 안 되는 것이다.

수단은 목적을 위해 주어진 조건과 상황에 따라 바꾸는 것이다. 두 정부 너무 남북 화해협력, 민족공조를 강조함으로서 부작용 또한 많았다고 본다. 솔직히 말해서 북한에 줄 것은 주고, 할 말은 하고, 되는 것은 되고, 안 되는 것은 안 되고, 그리고 양보할 것은 양보하는 것이 남북관계의 요체로 여기며 오히려 장기적으로 도움이 된다고 본다. 북한의 기분을 거슬리면 곧 무력도발로 이어진다는 것을 의식해서 양보만 한다면 그것이 약점이 될 수도 있다. 전쟁이 기분 맞추고 돈 주고 물건 준다고 하고 안하는 골목싸움과는 다른 것이다.

우리가 사는 형편이 나으니까 더 주고 양보하는 것까지 안 된다는 것은 아니지만 없어서 얻어 먹어야하는 북한의 입장이 우리에게는 무기일 수도 있는데 우리의 지나친 양보는 북에서 남한을 얕보는 빌미가 될 수도 있다. 만일 남한의 양보를 북한이 약점으로 오판한다면 화근의 원인이 될 수도 있다.

동물의 왕국에서는 사자는 먹잇감을 사냥할 때면 반드시 양떼의 약점만을 노린다. 때로는 우리도 북한에 대하여 강한 모습을 보이는 것이 회담의 물꼬를 터나가는 지혜일 수 있다. 우리 정부가 지혜를 모아 잘해낼 수 있으리라 믿는다. 이 시점에서 북한의 핵 위기를 극복하기 위해서는 남북관계의 직접교류도 중요하겠지만 국제공조가 몇 배나 더 중요하다고 하겠다.

북한에 있어서는 중국이 없으면 전쟁도 할 수 없고 살아갈 수도 없다고 해도 과언이 아니다. 중국은 북한의 병참기지요, 젖줄이다. 기름 떨어진 자동차가 가속페달을 밟을 수 없듯이 중국은 북한의 생존을 위해 무시할 수 없는 큰 나라이다. 그리하여 우리는 중국과의 국제 공조에서 긴밀하게 끈을 연결해야 됨은 두말할 나위가 없겠지만 이해관계를 따져보면 우리가 아쉬운 것이고, 상대적으로 중국은 그렇게 아쉬운 것이 없는 편이다. 그래서 중국을 우리가 직접 움직여 북한핵 사태를 해결하는 데는 한계가 있을 수 있다.

그러나 중국과 미국을 따져보면 현재로서는 중국의 세계기본 전략으로 볼 때 중국이 미국에 대하여 아쉬운 것이 더 많은 편이고 미국은 중국에 대하여 국가 대 국가의 입장에서 아쉬울 것이 상대적으로 적은 편이다. 미국 입장에서 북한핵을 제거하려고 하니 중국이 필요하게 되어 미국이 아쉬워 보이는 것이다. 따라서 미국은 우리의 동맹국이요 강대국이므로 미국과 공조하여 중국을 다루는 것이 좋겠다고 판단한다.

여기에서 우리 주권을 위하여 절대 놓쳐서는 안 될 것은 중국과 미국 양 강대국이 북한을 자기들의 의사로 결정, 처리하게 하여서는 향후 우리 민족과 한반도 통일의 장래에 큰 문제가 있을 수 있을 것이므로 우리 주권을 지키는 일에 각별히 주의를 기울여야 할 것이다.

북한핵은 한국의 자주적 의지만으로는 안 될 국제적인 문제임에 틀림없다. 그러므로 UN안보리 대북 제재결의를 적극적으로 수용하면서 한·중·미의 긴밀한 공조로 이 난국을 극복해야 함은 두 말할 나위도 없다. 우리 정부가 틀림없이 슬기롭게 대처하여 우리 대한민국 조국수호에 한 치의 빈틈도 없을 것으로 굳게 믿는다.

3. 우리 국군의 역할과 한미연합사

우리 국군의 철책선 철벽 방어는 두말할 것도 없는 문제이지만 북한이 궁지에 몰릴 경우, 국지적 무력 도발이 있을 때에는 전술 교범에 따라 충분한 대비가 있을 것으로 믿는다. 적을 너무 두려워해서도 안 되지만 너무 가볍게 봐서도 안 된다. 지금은 한·미 연합방위능력의 물샐틈 없는 강화는 필수적 원칙이다.

우리는 전선의 군사적 대응과 민간 방어 체제를 연계 연합하여 북한의 도발을 차단하고 우리의 조국 자유 대한민국을 지켜 내야 한다.

① 군은 오로지 자유민주주의를 지키는 대한민국군으로서 충성을 다 바칠 것으로 믿는다. 정치와 사회적 혼란에 개의치 않고 전쟁을 억지하는 군사적 집단으로서 우월적 군인 정신과 무장과 전술의 상대적 우월성으로 반드시 전쟁에서 승리한다는 자신감으로 전쟁 자체를 예방하는 국방의 소임을 다해야 한다.

② 북한의 독재자 한사람의 강요에 의한 북한군의 공격력은 초기 단계에서는 강력하게 보이나 무너질 때는 일시에 와해되는 취약점이 있다.

그러나 우리의 국군은 각 개인의 민주의식과 주인정신으로 국방의무에 임하고 있기 때문에 자율적 응집력으로 막강한 정신전력을 이루고 있다. 그리고 우리나라의 산업과 전자기술의 발전으로 고도의 기술전력과 두뇌전력으로 적을 압도할 수 있다고 확신한다.

③ 우리의 국방 체계는 한·미 연합방위 체제이다.

1978년 11월 7일 창설된 한미연합사령부(Rok-US Combined Forces Commend)가 한·미 양국군을 통합 지휘하는 막강한 방위전력으로 대한민국의 안전과 평화를 지키고 있다.

세계의 흐름은 지역 집단안보 체제를 근간으로 하고 있고 필요국과의 동맹 체제로 자국의 안보를 강화하고 있는 시대이다. 우리나라는 6·25 사변 후 한미연합사령부 체제로 1953년 휴전 이후 각종 군사적 위기를 효과적으로 극복하며 정전상태이지만 국가 발전을 이루고 있다.

우리 군은 거리에서 일어나고 있는 반미, 미군철수 등 시위와 사회 혼란에 초연하여 오히려 한·미 연합 체제를 빈틈없이 강화 시키고 상호 신뢰와 협동정신으로 방위전력을 향상시키는데 주도적 역할을 다 해야 한다. 우리나라의 국방의 주체는 한국군이다.

미군은 사회 일부에서 제기하는 침략군이 아니라 우리의 자주국방의 상대적 취약점을 보완해주고 도와주는 동맹군으로서 인정하고 감사해야 한다.

북한이 미군철수를 주장하니, 우리도 따라서 미군 물러가라고 하는 것은 뻔히 속이 들여다보이는 친북 행위인 것이다. 군, 민 모두 뜻을 같이하여 나라 지키는 일에 두 눈 똑 바로 떠야 한다.

④ 막강한 대북 군사 억지력은 북한의 대남 전략 전술을 정확하게 알아서 대비해야 하는 데 있다. 지금 북한은 핵무장을 배경으로 고도의 미사일과 화생 무기 등 대량

살상무기와 세계 최대의 특수부대로 남조선혁명전쟁을 하겠다는 것이다.

북한은 6·25사변 때와는 달리 미국 본토를 공격할 수 있는 ICBM과 일본을 공격할 수 있는 장거리 미사일로써 미국과 일본의 한반도 개입과 지원을 원천 차단하고 미국의 제7함대의 지원마저 미사일로 분쇄하고 주한미군을 고립시키고 전쟁 상황을 북한이 주도하여 승리 한다고 장담하고 있다. 한편 남한 사회를 흔들어 사회불안과 혼란을 야기 시켜서 결정적 시기를 만들어 단기 속전으로 남조선해방 전쟁을 끝내겠다는 것이다.

북한을 대변하는 책이나 논설에서 북한군은 결정적 시기가 오면 주한미군을 포함한 남한군을 단숨에 괴멸시키고 남조선해방을 끝낸다는 것이 김정일과 북한 군부의 호언장담이라고 선전하고 있다.

만의 하나 북한의 무력 도발이 있을 경우 우리 국방 당국과 한미연합사는 철통같은 방어 계획을 가지고 있을 것으로 확신한다.

필자의 생각으로서는 248㎞ 철책 전방 방어수단의 증강 못지않게 향토방위 전력을 획기적으로 첨단화하고 강화시켜야 한다. 북한은 상대적으로 취약한 남한의 후방과 민간 지역을 볼모로 공격을 개시할 것이다.

약한 곳을 찌르면 효과가 큰 것은 고래의 병법으로도 증명된 바 있다. 따라서 북한은 대량 살상 무기인 화생무기와 12만 명의 특수부대를 갖고 있는 것에 유념하여 산업 공단지역, 항만, 밀집 주거단지 등 전략 거점들을 효과적으로 방어하는 그물망 군·민 협동체가 필요하다고 판단한다.

⑤ 우리가 사는 민간 지역에서도 전쟁이 일어 날 수 있다는 정신적 대비 태세가 필요한 시점이다. 전쟁은 군인들만의 것이지 우리와는 상관이 없다거나 설마 괜찮겠지 하는 위기 불감증은 화를 자초할 수 있다.

준비 하는 곳에 길이 열리는 것이다. 설혹 지금의 이 평화가 이대로 계속된다 하더라도 위기 상황에 대한 대비책은 잘 짜여 져 있어야한다. 공연히 사회불안의 불씨가 될 수 있다는 안이한 생각에 실재하는 위험조차 논의하지 않는 것이 과연 옳은 것인가, 필자는 대단히 잘못되었다고 생각한다.

따라서 기존의 예비군 조직을 강화하고, 민방위 조직과 동·통·반조직을 재편성 강화하여 대피, 방어, 연락, 현장진압 등 의 교육과 훈련으로 군·민 예방적통합공격전력을 확보하여야 할 것이다.

이러한 국민 통합전력이 안보 불감증을 경각심으로 전환시켜 사회 안정을 이루는데도 큰 계기가 될 것이다. 이것이 국가 총 역량을 결집시킨 군·민의 융합 대북 억지력이 될 것이다. 남한의 완벽한 임전 태세를 확인한 북한은 혁명전쟁을 포기할 것이다. 북한의 혁명전쟁은 남한 사회의 내응이나 붕괴 없이 전선의 군사적 공격만으로는 승리할 수 없다는 것을 김정일은 잘 알고 있기 때문에 남조선 해방의 꿈을 접고야 말 것이다.

4. 사회 정화와 당국의 역할

지금 이 시대에 흔히 사용 되고 있는 용어에 대한 정론(正論)을 확립 하여야 할 것이다.

① 민주, 평화, 반전, 자주, 민족, 진보, 개혁, 수구, 평화통일, 색깔론 등의 정치 사회적 유행어에 대한 단어적 의미와 정의를 공론적 검증을 거처 정답을 명확하게 밝혀야 할 것이다. 이러한 순수하고 좋은 단어들이 자기 정체를 숨기고 국민을 현혹하기 위해 교묘하고 모호하게 정치적으로, 전략적으로, 전술적으로 사용되어서는 안 된다. 우리 국민들도 이러한 좋은 말의 순수한 의미만으로 흔들

리거나, 현혹되거나, 겉포장 된 선전, 선동에 우(憂)를 범해서는 안 된다.

친북 혁명 세력들이야 말로 정체를 숨기고 가장 평범하고 국민이 바라는 평화, 민주, 민족, 개혁으로 위장 한다는 것을 명심해야 한다. 이런 문제는 전문 학자나 연구자들이 앞장서서 바로잡아야 한다.

② 통일, 반통일, 햇볕정책, 포용정책 등의 목적과 수단으로서의 명확한 전략과 전술을 논리적인 설명으로 국민을 이해, 통합시키고 퍼주기 논란 등을 잠 재워야 할 것이다.

이러한 낱말들에 대한 의미와 해석의 갈등으로 국민이 분열된다면 나라의 장래에 큰 암초가 될 것이다. 지금 남·북이 분단, 분열 되어 있고, 휴전선 철책 하나에 남·북 중무장한 군대가 대치하고 있다.

북한은 핵무기와 미사일로 무장하여 인명의 대량 살상과 파괴를 할 수 있는 가공할 전력을 갖추었고, 휴전선 북방에 배치한 1,300문의 사정거리 70㎞의 장거리포와 다연발로켓트포는 수도권 2,000만 국민을 겨누고 있는 지금의 남·북 관계를 햇볕정책과 포용정책이라는 수단으로 해결할 수 있다는 것이 최상책이며, 절대적 정책인지도 지금까지의 과정 등을 살펴서 재점검해 볼 필요가 있을 것이다.

정부와 국민의 생각이 다르다면 안 된다. 정부와 국민은 나라의 안전 보장에 관한한 하나 되어 대북 정책에 대한 신뢰를 쌓아야 한다.

③ 한미 동맹, 주한미군, 국가보안법 등의 의미와 가치를 국민적 공론을 거쳐 신중하게 다루어야 할 것이다. 모두 다 나라의 운명과 안전 보장이 걸린 중요한 문제이다. 어느 정파의 입장에서 편향되어 다루어서도 안 되며 과거의 역기능만이 해체, 철폐의 잣대로 사용되어서도 안 된다. 오로지 민족의 생존과 국가의 안전 보장과 자유민주주의를 수호하는 데 필요한 부분이 더 많으냐, 적으냐의 상식적 기준으로 다루어야 할 국가적 국민적 문제이다.

국민 대부분은 대한민국을 지켜 나아가는데 무게를 더 둘 것이다. 침묵의 시대에서 깨어나 목소리 큰 집단에 의해 길거리가 점령되는 것을 국민 대중이 막고 나설 때가 다가 온 것이다.

주한미군철수 국가보안법 존폐 같은 문제는 안보 관계 기관이나 전문 학계, 경험 세대들이 연구하여 결론을 얻어 낸 정답으로 국민을 이끌어야 할 국가적 명운이 걸린 중차대한 대명제인 것이다.

④ 남한에서 활동하고 있는 친북 조직의 실태와 정체를 일제히 점검, 정리하는 것이 시급하다. 정부와 국민이 일체가 되어 거리를 메우고 있는 각종 시위와 집단행동에 대한 국가 안전보장 차원의 철저한 분석과 대응이 절실하다고 본다.

또한 암약하고 있는 대한민국 파괴 세력에 대한 색출과 척결도 사회안정 차원에서 과감하게 전개 되어야 하다. 모두가 속을 감추고 민주, 개혁의 이름하에 정치적 투쟁이 행하여진다면 이 사회의 안전과 안정은 보장되지 못할 것이다.

국민들도 이제는 알아야 한다. 본체를 숨기고, 위장하고, 가장한 시위와 데모가 폭력의 도를 넘어 아무 꺼리김 없이 버젓이 행하여진다면 대한민국이 북한이 아닌, 우리 내부로 부터 붕괴되지 않는다고 누가 장담할 수 있겠는가, 물론 민주주의 국가에서 법질서에 따라 행하여지는 집회는 자유롭게 전개되어야 하지만 이러한 민주 사회의 자유를 교묘히 악용하는 직업적 단골 폭력시위 등은 국가를 뒤흔드는 이적 행위로 보아야 한다.

이러한 사태들이 계속 이어진다면 국민은 불안해지고 생업의 의욕을 잃고 장래 희망을 잃게 되어 전체적으로 나라를 지탱하는 원천 동력을 상실하게 될 수 있다. 만일 사회 혼란을 일으키는 폭력 시위가 북한 대남 공작과 연계되어 있다면 이것은 국가 안위차원에서 초강력 대응책이 범국가적으로 세워져야 한다.

1917년 러시아에서 공산주의 혁명을 성공시킨 니콜라이 레닌은 소수의 직업 혁명가에 의해서 혁명이 성공한다고 혁명의 본질을 설명하고 있다. 아주 작은 수의 직업 혁명가들이 전 인민을 혁명의 대열로 이끌어 내어 승리한다는 것이다.

그리하여 혁명전쟁에는 위장, 선전, 협박, 교란, 심리전 등 모든 가공 할 수단이 총 동원된다. 여기에 준비되지 않은 절대 다수의 국민들은 직업 혁명 세력에 뒤를 따른다는 것이다.

러시아 혁명에 성공한 레닌은 자기 혁명 논리를 모든 공산주의 혁명에 교리로 삼게 하였다.

⑤ 북한의 대남 침투 공작에 대한 새로운 전술적 대응으로 남한의 친북세력과의 연대를 차단하여 북한을 남조선혁명 지휘부로서의 기능을 단절시켜야 한다. 북한의 남

한 내 지하당 복원 그리고 자생적 좌파 세력과의 연대를 차단함은 물론 기존 친북 조직과의 연계선을 단절시켜 남한에 대한 북한의 공작이 먹혀들지 못하게 해야 한다. 이러한 북한의 대남 침투 공작들을 척결하는 국가사업은 햇볕정책이나 포용정책의 영향으로 조금이라도 약화되어서는 안 된다.

햇볕정책과 포용정책의 부작용이라면 실재하는 남북 간의 전쟁위협을 사라진 것으로 착각하고 대한민국이 평화에 무방비로 노출되어 있다는 불안감이다. 민족공조의 유행어는 전쟁위험은 이미 떠나간 옛말이라는 의미로 받아들여져 대다수 국민이 안보 불감증에 오염되어 때이른 평화의 합창을 부르고 있는 것이 불안한 것이다.

남북 교류, 평화협력, 민족화해 같은 명분에 대한민국 수호 의지가 추호라도 훼손되지 말아야 한다. 지금 대다수 국민들은 햇볕정책, 포용정책 하에서 국가 공안 사범과 공안 사건이 거의 없는 것에 대해 간첩과 북한 공작의 하수인들이 없어진 것인지, 줄어든 것인지, 못 잡는 것인지, 안 잡는 것인지 헷갈리고 있는 것이다. 이런 것이 명확해지고 분명해질 때 정부와 국민이 하나 되는 사회를 이루어 대한민국을 지켜내겠다는 의욕에 차오를 것이다.

⑥ 지금의 사회적 혼란을 이겨내기 위하여 총 정리된 국민의 역할과 방향이 제시되어야 하겠다. 제일 먼저 국가의 정체성 확립과 국민정신 통합을 위하여 반드시 자유민주주의 통일의 정당성을 대 국민 선언으로 채택하여 국론 통일의 시대를 열어 가야한다.

북한 김정일 정권과의 연방제통일이냐, 또 다른 평화통일이냐 등의 혼란을 총정리하고 오로지 자유민주주의 기치 아래 모든 국민과 국력을 총결집시켜야한다.

국가와 민족의 명운이 걸린 이 통일의 대명제를, 어느 정파적 입장이나, 시각이나, 이념에서 그리고 어느 개인의 영웅적 발상으로 좌우돼서는 안 될 것이다. 따라서 우리가 살아가는 이 시대의 국가 목표와 국민정신을 명확하게 밝혀 사회 혼란을 잠재우는데 기초를 다져야한다.

지금은 북한핵 제거를 위한 UN안보리 결의에 따라 대북 봉쇄와 압박이 진행되고 있는데도, 거리에는 아직도 가면을 쓴 친북단체나 사람들이 평화, 우리 민족끼리, 민족공조 등을 외치며 거리를 휩쓸고 있다. 미군철수를 주장하는 시위에는 대한민국 경찰이나 군인을 쇠파이프나 죽창으로 마구 찌르고 패고 있는 것이 TV를 통해 우리들의 눈을 겁으로 질리게 하고 있다. 숨은 목적이 따로 있는 것 같다.

이러다 우리 대한민국이 무슨 일 나는 것 아니냐, 걱정과 불안이 이만저만이 아니다. 우리의 눈에는 왠지 수사당국이나 사법당국은 손을 놓고만 있는 것 같다. 신문에는 이런 단체나 사람들에게 정부가 자금까지 대준다고 하니 믿을 수가 없는 노릇이다. 북한의 도발을 막고 자유와 민주주의의 조국 대한민국을 지키겠다고 한데 뭉쳐야 할 국민이 지금 방황하고 있는 것이 현실이다.

이제 수사당국은 조국의 생존을 위해 가면을 쓴 이런 친북인사나 단체들의 가면을 벗겨서 그들의 정체를 국민들에게 밝혀주어야 한다. 2006년 10월 26일 국정원이 5명을 간첩혐의로 체포했다는 기사를 읽었다. 국민 대부분은 이제야 잡혔구나, 어디 그사람들 뿐이겠나, 그런데 사법 처리 잘될까, 우리는 벌써 짐작하고 있었는데, 그럴 줄 알았다는 반응일 것이다. 친북구호나 미군철수를 전문적으로 외쳐대는 소위 통일꾼들은 지하에 숨어서 하던 것은 옛말이고 도로와 시위장에서 버젓이 북한을 위한 통일 노래를 불러도 시민들은 저 사람들 또 저러는구나 하고 지나치기 일쑤다.

평화 민주로 위장한 친북조직은 미군철수를 더욱 소리높

이 외치며 독버섯처럼 번지고 있고 온 사회를 혼란과 불안과 분열로 몰아가고 있는 것이 현실이다. 이번 기회에 반드시 이들의 뿌리를 잘라 버리도록 수사당국과 사법당국은 애국심 하나로 가시밭길을 헤쳐주길 바란다.

역사는 그대들의 노고가 조국 대한민국을 구하고 자유와 민주주의를 지켜냈다고 확실하게 기억할 것이고 기록할 것이다. 북한 대남 공작기관의 속성 상 핵 위기를 돌파하기 위하여 남한에 혼란을 야기 시키기 위한 총력전을 전개하리라고 본다.

북의 침투간첩과 국내 고첩의 연결은 물론 친북단체 조직을 총동원하여 민족공조 등 감상적 구호로 여론을 조성하여 민심을 흔들어 승기를 잡으려 할 것이다.

나라의 안정을 지키는 우리의 수사당국은 이러한 북한의 예상되는 정치공작을 끈질긴 추적으로 완전 분쇄하여야 한다. 하늘이 반드시 도울 것이다. 대한민국은 흔들리지 않고 조국통일의 나래를 펼 것이다. 우리 모두 민주주의와 우리 조국 대한민국을 사랑하자.

5. 정치권의 역할

나라와 국민의 운명이 걸려 있는 때이다. 정치권은 국민의 대표로서 국민을 지켜내야 한다. 북한이 핵무장을 했으니 우리 모두 뭉쳐서 이 위기를 극복하자는 데도 정치권은 같은 목소리를 내지 못한다.

2006년 10월 9일 북한의 핵무기 실험이 발표되자 대한민국 국회에서 3일간 대정부 질문을 벌여 국민의 대표와 정부 사이에 질문과 답변이 오가는 것을 들어보았다.

그때 한 국회의원의 말이 지금까지도 귓전을 울리고 있다. "우리 모두 하늘도 속이는 지혜를 모아 북한핵을 저지하자"는 것이다. 우리 4,800만의 모든 지혜를 모으되 하늘도 경탄할 수 있는 지혜와 슬기를 모으자는 뜻일 것이다.

그 말이 아름다워서만이 아니고 진심과 양심이 담겨져 있는 순수한 말이라고 생각된다. 그런데 질문자들 중 미국이 북한과 직접 대화를 안 해서 북한이 핵실험했다느니, 모든 이유를 미국에게만 책임을 돌리는 등 종래 시중에서 들려오던 친북 성향의 질문들이 나오는 것을 보고 그날은 몹시 우울하였다.

북한은 중국의 말도 듣지 않았고 우리의 말도 듣지 않고 핵실험을 강행한 데는 앞서 분석한 바와 같이 북한 나름의 깊은 전략과 전술이 있다.

그것이 남조선혁명을 목표로 한 것이라면 우리는 모든 것을 초월하여 북한핵을 막는 지혜를 모아야 한다. 미국이니 일본이니 중국이니 따지지 말고 국제적 협력과 공조로 이 난국을 넘겨야 할 때이다. 여러 번 강조했지만 북한핵 폐기는 우리의 자주의지나 노력만으로는 한계가 있으므로 미국과 중국의 도움이 있어야 하는 것은 너무나도 당연하다.

이런 판에 미국 규탄의 목소리는 별 이익이 되지 못할 것이며 우리의 생존을 지키는 것이 급선무라 하겠다. 참된 애국심은 나를 버릴 수 있고 또 버려야한다. 지금이 바로 애국심으로 나라를 지켜야 할 때이다.

정치권에서 정파의 이해관계를 초월한다는 것이 말처럼 쉬운 일은 아니겠지만 이번 북한핵문제에 대해서만은 우선 목적을 같이하고 대응하는 수단도 한 방향으로 나갔으면 좋겠다. 4분 5열된 말들을 들을 때 국민들은 방향을 잃게 마련이다.

정치권의 본산인 국회는 민의를 이끌고 모으는 전당으로서의 신중함과 신뢰성 있는 지도력을 발휘할 때이다. 지금은 어느 말 잘하는 정치인에게 박수나 보내는 국민은 없을 것이다. 또한 국민은 국회의원들이 말하는 뜻을 다 알고 있다. 북핵 제거 문제가 얼마나 어려운지 가상의 예를 엮어보기로 하자.

UN헌장 7장 41조에 의한 국제적 대북 봉쇄가 시작되었다. 한반도를 둘러싼 큰 물결의 조타수는 미국과 중국이다. 대북 봉쇄에서 결정적 라인(line)까지 미국과 중국이 확실하게 전략과 전술을 같이 한다면 김정일 정권 교체까지도 가능한 봉쇄작전이라고 볼 수 있다.

북한의 버티기에도 한계가 있게 된다. 최후를 직감한 김정일은 일부이건 전부이건 무력으로 돌파구를 찾으려 할 것인가, 정치협상으로 나올 것인가 등 복잡한 것이다.

북한이 2차 핵실험으로 모험을 건다면 안보리는 UN헌장 7장 42조의 군사제재까지도 합의 발동할 가능성이 있다. 이 경우 과연 한반도에서 군사적 충돌이 일어나겠는가? 일어난다면 어떤 시나리오일까? 너무나도 광범위하고 군사, 정치, 전략, 전술의 고도의 전문적 연구, 분석, 대응이 필요하다.

여기에서 금강산이다 개성이다 하는 문제는 극히 적은 부분이고 이것에 너무 집착한 나머지 국제 공조에서 우리의 발언권이 손상을 입을 수도 있다. 최종단계에서 미국의 북핵제거 전략에 중국이 동의하여 북한이 해체되거나 북한 내부의 변수 등 예측할 수 없는 돌발 사태 등으로 김정일 정권교체까지 이루어진다면 개성과 금강산의 계속 교류가 과연 우리에게 이익이 되겠느냐, 안 되겠느냐 등 너무 어려운 사안들이다.

이러한 국제정치와 군사적, 외교적 문제를 깊은 전문적 연구와 분석 없이 정치권에 있는 개개인들이 개별 의견으로 말하는 것은 민심을 이끌고 국익을 도모해야 할 정치권의 모습이 아니다.

정치권은 여・야 모두의 의견이 모아지면 전문적 연구기관과 해당 정부부처와 무거운 조율을 거쳐 국민에게 방향을 제시하는 정치권 통합의 메시지(message)가 나와야 한다. 이런 심사숙고 없이 산발적으로 또는 각 정파별로 금강산・개성 등 교류 계속, 한다, 안 한다. 북·미 직접대화, 된다, 안 된다. 등의 난무하는 말은 자제되었으면 한다.

국민이 헷갈리고 사회 혼란만 가중시킬 뿐이다. 지금은 UN의 대북제재의 배에 올라타서 평양이든 압록강이든 가면서 끝까지 가느냐, 중간에서 내리느냐는 것은 승선하고 난 다음의 일이다.

국제적인 우리의 발언권과 당사자 지분을 잃으면 민족적인 큰 손실이 있을 수도 있다. 우리는 역사적으로 주변 강대국들에 의해 피해를 입은 것이 한두번이었던가? 민족, 자주라는 말은 아무대서나 쓰는 말이 아니다.

왜 우리가 지금 분단되어 있는가를 생각해야 할 때이다. 우리 민족끼리와 자주라는 길로만 가다가 강대국 대열에서 이탈하면 기회를 놓치게 되고 놓친 기회는 다시 돌아오지 않는다. 대북한 문제 특히 핵실험 문제로 야기된 군사, 정치적, 외교적 문제는 어느 한 사람이, 어느 단체가 쉽게 말할 문제가 아니다.

전문가들도 각 전문 분야별로 최고의 두뇌들이 모이고 또 대북 경험자들과 협의하여 정말로 깊은 바다 밑에서 보물을 건져 올리듯이 실수 없이 모든 가상의 질문에 답을 모아서 비로소 정답을 얻어야 할 것으로 판단한다. 정치권 특히 국회는 국민에게 상식으로 이해할 수 있는 방향을 제시하고 국민은 거기에 흔쾌히 따르고 민심이 모이는 날 우리는 이 핵위기의 고개를 힘차게 넘을 수 있다고 굳게 믿는다.

6. 전시작전통제권 한국군 단독행사

우리나라의 윤광웅 국방장관은 2006년 10월 20일(현지시간) 미국 워싱턴에서 2006년 한미안보협의회(SCM)에 참석하여 미국 럼즈펠드 국방장관을 만나 진지한 토의와 협의 끝에 채택된 공동성명은 북한핵실험 및 핵우산, 북한 미사일문제, 한미동맹문제, 전시작전통제권문제, 직도사격장문제 등 총 5가지로 그 내용이 되어 있다.

북한핵실험 및 핵우산 문제와 관련 북한핵실험에 대한 우려와 긴장을 악화시키는 추가적 행위 중단, 미국이 한국에 대한 '확장 억제(Extended Deterrence)차원의 핵우산 제공 등을 담고 있다.

북한의 미사일 문제와 관련 유엔결의 1695호에 따라 북한의 탄도미사일 프로그램에 관련한 모든 활동중단요구, 한미동맹 문제와 관련해서 한미동맹이 미래의 양국이익에 긴요하며, 확고해야 하며, 유엔군 사령부의 중요성을 인정한다는 내용을 담고 있다.

이번 SCM의 합의 내용에 대하여 한반도 및 동북아 평화를 교란하고 한반도 비핵화 선언을 송두리째 무너뜨린 북한의 핵실험이라는 불장난에 대한 깊은 우려와 함께 확장억지(Extended Deterrence)차원의 핵우산 제공을 합의한 것은 매우 적절하며 한미동맹의 훌륭한 성과라고 하겠다.

그리고 한미동맹이 미래의 한·미 양국에 긴요하며 확고한 연합방위태세가 유지되어야 한다는 데 동의했다는 내용도 지금의 한반도 안보상황을 직시한 정확한 인식이라고 할 수 있다.

그러나 전시작전통제권 행사문제에서는 적절하지 못했다고 본다. 전시작전통제권 한국군 단독행사는 지금과 같은 핵위기와 안보상황에서는 일단 유보되어 넘어갔어야 할 문제였다.

군사적인 문제는 군사전략과 군사적 이론과 전문적 군사개념과 판단에 따라 전쟁에 반드시 승리함은 물론 전쟁 자체를 일어나지 않도록 막을 수 있는 절대 안전장치가 바로 군사전략의 기본인 것이다. 그런 의미에서 전시작전통제권 한국군 단독행사합의는 잘못되었다고 판단한다.

아마도 지금 한국에서 벌어지고 있는 반미감정과 자주국방이란 정치논리에 미국도 못마땅하였으리라 짐작된다. 한국에서 미군의 지위가 약화되고 한미연합사의 해체로 한국군과 미군의 지휘체계가 이원화되는 것은 실제 전쟁수행에 문제가 있을 뿐 아니라, 북한이 그렇게도 바라는 일이라는 데 문제가 있다.

지금의 핵위기를 극복하려면 한미동맹과 한미양군의 연합체제가 일사분란하게 하나의 지휘통제체제로 더욱 공고화되어야 함에도 한국군과 미군이 상호 분리되어 지원체제로 한발 후퇴하는 것은 군의 작전 지휘체계상 바른 판단이 아니라고 생각된다.

앞으로 재협의를 통해서 할 수만 있다면 순수 군사논리로 전시작전통제권 한국군 단독행사문제는 다시 검토하여 한미연합사를 통한 전쟁 억지력이 더욱 강력하게 확보되도록 신중에 신중을 다하여 한미연합사 체제가 강화되는 방향으로 결론지어졌으면 한다.

미국으로부터 핵우산을 약속받았지만 전시작전통제권이 한국군 단독으로 행사되는 체제하에서는 우리가 미국에게 핵우산을 요청할 수는 있지만 핵우산을 실제 제공하는 것은 다시 미국의 검토분석이 이루어져서 결정되는 것이다. 그만큼 미국의 판단에 상대성과 시간이 걸릴 수 있게 된다.

한미연합사 체제하에서는 북한의 공격이 바로 한미양군에 대한 공격이므로 필요에 따라 핵우산은 자동적으로 사용될 수 있게 된다. 두 경우는 조금이 아니라 많은 차이가 있다.

만약 미국의 국내 상황이 바뀌고, 한국의 반미시위로 사회혼란이 조성되고, 정치적 구호가 앞설 때는 핵우산 공약 절대이행이라는 것이 과연 절대조건이 되겠느냐는 염려가 생기는 것이다. 나라의 안전보장은 만약의 경우가 통하지 않는 절대의 경우만이 있을 수 있는 것이다. 핵우산이 합의대로 이행되려면 한미동맹이 더욱 튼튼하게 유지되어야 함은 말할 것도 없거니와 상호신뢰와 상호 필요한 협조가 긴밀하게 유지되는 것이 전제조건이다.

보도에 의하면 SCM공동성명내용 중 명기하고 있지는 않지만 미국의 럼즈펠드 국방장관은 한국의 국방장관과 회의를 마치면서 가진 공동기자회견에서 북한의 핵실험에 관련해 PSI(대량살상무기확산방지구상)에 한국의 참여를 강력히 요구했다고 한다.

우리 한국은 미국에 핵우산을 씌워달라고 요구하면서 미국의 요구는 우리 한국이 북한과의 관계와 북한의 눈치보기로 협조를 하지 않는다면 과연 미국이 신뢰할 수 있는 동맹국이냐 등으로 엇박자가 생길 수도 있다. 이런 문제에도 당장 눈앞에 보이는 상황에서만 판단할 것이 아니라 숲 전체를 보는 넓은 안목과 전략으로 미국을 다루어 나가야 할 것이다.

PSI참여는 북한과의 군사적 충돌과 남북교류에도 영향이 있을 수 있다는 염려도 있겠으나 다른 한편으로 생각한다면 지금의 한미동맹과 한미연합사 체제가 가동되는 한 북한으로부터의 전쟁위험은 현실적으로 제거되어 있다고 본다.

대한민국이 그간 햇볕정책과 포용정책으로 8년 동안이나 북한과 교류 협력하였고, 돈과 비료와 쌀 등 실질적 도움을 제공하여 왔다.

더욱이 남북이 이미 합의한 한반도 비핵화를 위하여 핵실험만은 하지 말아 달라고 요구하고 사정하였는데도 들은 척도 안하고 핵실험을 강행한 북한 김정일에게 최소한 PSI참여라는 카드를 용감하게 꺼내들어도 된다고 생각한다.

한번쯤은 남한의 강력한 의지와 힘을 보여주어 우리 대한민국의 자주와 권위와 체면을 살려 보는 것도 앞으로의 남북교류에 있어서 큰 계기가 될 수도 있다.

그렇다고 전쟁이 일어나는 것이 아니다. 한미동맹과 한미연합사의 한국 방어 역사가 이미 증명하고 있는 것이다.

우리 정부와 정치권 그리고 우리 국민들이 보다 더 자신감을 가지고 전쟁을 무서워 피한다는 생각에서 전쟁을 해서 이길 수 있다는 신념으로 전쟁 그 자체를 일어나지 않도록 하는 사고의 일대 전환이 필요한 시점이다. 전쟁을 피해 보자는 양보의 외교는 이미 세계 제2차 대전을 일으킨 독일의 히틀러를 상대하여 당시 영국의 체임벌린 수상이 실패한 역사를 가지고 있다.

체임벌린의 평화 포용 외교가 오히려 전쟁을 불러 온 초청장이었다는 것은 영국과 프랑스 등 유럽이 불타고 그 많은 사람들이 죽고 다치고 세계가 초토화된 재앙을 딛고 세계 제 2차 대전이 끝난 후에야 확인할 수가 있었다. 평화적 수단이라는 이 좋은 말이 아무에게나 통하는 명언이 아니다.

7. 베트남전의 생생한 교훈

미국이 참전했던 월남전이야기에서 다시 한 번 오늘의 우리를 위한 역사적 교훈을 얻어 보기로 하자.

정말 잊어서는 안 될 소중한 역사적 자료이다. 월남은 왜 망했으며 미국은 왜 방위공약을 지키지 않고 월남의 패망을 내버려 두었는가를 되새겨 오늘 우리의 안전보장의 지혜로 삼자는 것이다.

월남은 우리나라와 많은 공통점이 있다. 예로부터 중국의 주변국으로서 중국의 정치와 문화를 받아들인 점과 세계 2차 대전이후에 식민지에서 해방될 때 남북으로 허리가 잘려 분단되었고 북에는 공산정권, 남에는 민주정권이 수립되었고, 양측이 무력으로 동족상잔의 전쟁을 벌인 것 또한 같다고 하겠다.

월남은 1954년 7월 21일 프랑스 원정군이 베트남 독립군에게 패하자 제네바협정에 따라 북위 17도선 이남에는 자유민주주의 정부인 베트남 공화국(월남)이, 이북에는 공산정부인 베트남민주공화국(월맹)이 수립되었다.

1964년 통킹만 사건으로 월남전이 시작되어 지루한 월남전이 계속되던 1968년 5월 10일 미국이 월맹과 파리에서 휴전을 위한 비밀협상에 들어간 것이다. 미국에서는 키신저, 월맹에서는 레둑토가 협상대표로 나섰다.

이무렵 미국은 연간 전비 500억 달러를 퍼부었고 주월미군병력도 53만 6,000명을 파병할 정도였다. 미국은 밑빠진 독에 물붓기식으로 계속되는 베트남 전쟁의 수렁에서 발을 빼기 위해 파리비밀회담을 시작하였다.

파리비밀협상이 시작되기 전 해인 1967년 9월 3일 월남 대통령 선거에는 11명의 입후보자가 난립하여 혼전을 벌인 끝에 웬반 티우가 당선되었다.

이 선거에서 차점으로 낙선한 야당지도자 쭝딘쥬는 선거 유세에서 "동족상잔의 전쟁에서 시체는 쌓여 산을 이루고 있다. 우리 조상이 이처럼 외세를 끌어들여 동족끼리 피를 흘리는 모습을 하늘에서 내려다보면 얼마나 슬퍼하겠는가? 월맹과 대화를 통해 얼마든지 평화협상이 가능한데 왜 북폭을 하여 무고한 인명을 살상하는가? 내가 대통령에 당선된다면 북폭을 중지시키고 평화적으로 남북문제를 해결하겠다"면서 월남 국민에게 평화반전여론을 심었고 미국에서도 월남전 반대여론을 일으키는 데 큰 자극제가 되었다. 그가 월맹의 간첩으로 밝혀진 것은 월남 패망후의 일이다.

미국과 월맹이 파리에서 비밀평화회담이 진행 중인 사실이 알려지면서 월남 내부에서는 두 갈래로 국론이 갈렸다. 여당은 강력한 반공정책을 주장하며 평화회담 참여거부를 주장한 반면, 야당은 포용정책을 들고 나와 회담 참여를 주장했다. 고민에 빠졌던 월남정부는 흐름의 대세에 따라 할 수 없이 회담 테이블에 나감으로써 미·월맹 2자회담은 미·월남·베트콩(베트남민족해방전선)·월맹의 4자회담으로 확대되었다.

1973년 1월 27일 프랑스 파리에서는 5년이 넘게 끌어오던 베트남전을 종식하는 역사적인 휴전회담이 열렸다. 키신저는 이 휴전의 담보를 위하여 월맹에 40억 달러(20억 달러는 미국의 직접원조, 나머지 20억 달러는 IBRD 차관)의 원조를 제공, 이것으로 피폐한 월맹의 경제 재건을 돕기로 하고 교전당사국인 미국·월남·월맹·베트콩(베트남 임시혁명정부)등이 서명했다.

키신저는 보다 확실한 휴전을 담보하기 위하여 휴전 감시위원단인 캐나다, 이란, 헝가리, 폴란드 4개국을 서명에 참여시켰다. 4개국 250명으로 구성되는 감시위원단은 하노이 · 사이공 그리고 휴전선을 감시하게 했다.

한편 월맹에서는 인질 형식으로 하반라우 외무차관이 150명의 고문단과 함께 사이공에 체류했다. 이것도 부족하여 영국 · 소련 · 프랑스 · 중국 4개국 외무장관을 서명에 참여시켰다. 참으로 문서상 휴전협정은 나무랄 데가 없어 보였다.

미국은 공산주의자들의 혁명전술을 너무도 몰랐다. 미국은 월남에 대해서는 '방위조약'을 체결하고, 미군이 철수하지만 월맹이나 베트콩이 휴전협정을 파기하면 즉각 해 · 공군력이 개입하여 북폭을 재개하고 월남 지상군을 지원하기로 하였다. 그리고 미군이 철수하면서 보유하고 있던 각종 최신 첨단무기를 월남군에 넘겨주었으며, 그 무렵 월남 공군력은 세계 제4위를 기록하기도 했다.

이처럼 철저한 제도와 장치를 마련했기 때문에 키신저는 최소한 휴전이 10년은 유지될 것으로 낙관했다. 파리 휴전협정의 성과로 키신저와 레둑토는 1974년 노벨 평화상 수상자로 결정되었다. 레둑토의 거절로 결국 키신저만 노벨평화상을 받았다. 미국 키신저는 공산주의 월맹의 속임수 전술에 놀아나고 말았다.

월맹은 미군의 북폭과 경제봉쇄로 피폐해져 도저히 전쟁을 수행할 힘이 없어지자 평화회담에 나섰다. 월맹은 월남해방의 기본전략을 더욱 공고히 하면서 전술만 약간 바꾼 것이다. 그것은 "월남에서 미군을 몰아내고 민중봉기를 일으켜 인민민주주의 정부를 세우고 무력으로 남반부를 해방시켜 조국 통일을 달성 한다"는 것이었다.

이것은 북한 김일성, 김정일의 대남전략과 한 치의 오차도 없는 것이다. 이즈음 월맹은 오랜 기간 전쟁으로 매년 80~100만 톤의 식량부족, 물자부족에 시달리고 있었다. 그럼에도 불구하고 대남공세는 멈추지 않았다.

휴전협정 이전부터 간첩들이 월남 곳곳에 침투하고 있었다. 이들은 호치민의 공산당, 인민혁명당 조직원들이었다. 월남에는 이들 공산당원 9,500명, 인민혁명당원 4만명 즉 전체 인구의 0.5% 정도가 월남 사회의 뿌리를 흔들어 혼란의 극치를 이루게 하였다.

1969년 베트남 민족해방전선(베트콩)이 베트남 임시혁명정부로 개편되어 캄보디아 국경선 근처 빈룽성 내 지하땅굴에 있던 혁명정부 청사에는 월남 정부, 각 부처, 월남군 총사령부에서 이루어지는 극비회의 내용이 하루 후면 상세히 보고될 정도로 티우정부의 핵심이 월맹간첩에 침투되어 있었다.

월남에서 모범 도지사로 소문나 있던 '녹따오'를 위시한 많은 정치인 관료들이 간첩이었음이 월남 패망 후에야 드러났다. 반면 월남에서는 잦은 정변으로 대공 전문가들이 쫓겨나는 바람에 대공정보기관은 허울뿐이고 대 월맹정보는 물론 월남 내부에 침투한 공산간첩검거에도 힘을 쓰지 못했다.

한 나라를 쉽게 망하게 하는 것은 정보기관이 무력해지는 것이다. 지금 우리나라 정보기관과 대공기관이 정권의 부침에 따라 풍파를 겪으면서 간첩하나 못 잡는 기관이라는 말들이 보도될 때마다 너무도 불안하게 느껴진다.

월남의 패망은 외적이 아니라 내부갈등과 혼란으로 적의 침공을 불러 일으켰다는 점을 생각할 때 우리의 현실이 너무도 걱정된다.

1973년 휴전 이후에도 월남은 월맹보다 경제력과 군사력에서 월등히 앞서 있었다. 그래서 월남 수뇌부와 국민들은 낙관하며 평화의 콧노래를 부르고 있었다.

월맹군이 도발하면 즉시 미국의 해·공군이 북폭을 재개할 것이다. 대 월맹 경제원조도 중단할 것이며, 비교도 안될 만큼 월등한 월남군의 기동력과 화력으로 월맹군의 공세는 충분히 막을 수 있다고 믿었다.

따라서 누구도 월맹군의 남침을 믿지 않고, 평화에 잠들어 있었고, 그 믿음이 국방을 소홀히 하고, 정쟁의 원인이 되었다. 이러한 지도부의 사고와 국민들의 안보 무관심은 그대로 월남군 58만 명의 정신과 사기에 영향을 주어 군인 정신이 해이해지고 군기가 문란해지고 군의 부정, 부패로까지 확산되어 월남 군대는 무기만 최신무기로 무장되어 있었지 허수아비나 다를 바 없었다.

거기에다 월남 지배층은 부정축재, 황금만능주의에 빠져 체제 반격세력들에게 공격의 빌미를 제공했다. 우리나라도 고위직과 정치권의 부정부패와 아들들의 병역기피 등은 32년 전의 월남 패망의 상황을 떠올리게 한다.

이무렵 월남에서는 천주교와 불교계가 모여 '구국평화회복 및 반부패운동세력'이라는 단체를 만들어 산하에 사이공대학 총학생회, 시민단체들이 연합하고 시민연대를 구성하여 반부패 운동에 나섰다. 문제는 이 순수한 반부패 운동조직에 간첩과 친북세력들이 대거 침투하여 반정부세력으로 변질되었다.

휴전협정이 체결되어 미군이 철수하자 사이공에는 100여개의 애국단체, 통일운동단체들이 월남의 공산화 공작에 나섰다. 목사, 승려, 학생, 직업적 좌경인사, 반전운동, 인도주의 운동, 가능한 모든 운동단체가 총 동원되어 '티우정권 타도'를 외쳐댔다. 사회는 매일 이어지는 데모로 인한 회색연기로 사이공 하늘을 뒤덮었다.

1974년 10월 월남에서 유전이 발견되어 온 국민이 들떴고 나라 전체가 평화무드에 잠겨 있을 무렵, 월맹 하노이에서는 남침을 위한 비밀회의가 열렸다.

월맹은 미국의 닉슨 대통령 사임으로 남침공세를 펴도 월남 방위공약을 이행하지 못할 것으로 결론을 내렸다. 드디어 1975년 1월 8일 월맹군 18개 사단 총병력은 월남공격을 위한 군사력 배치를 개시했다.

이 총공세를 현지에서 지휘하기 위해 월맹군 육군 총참모장 반띠엔 등 대장이 1975년 2월 5일 하노이 공항에서 AN-24기를 타고 극비리에 이륙하여 2월 6일 호치민 루트를 타고 전략요충지인 반 메뚤의 서쪽 밀림지대에 도착하였다. 거덜이 난 월남정보기관은 이 사실을 전혀 눈치채지 못했다. 눈먼 봉사였다.

이 무렵 티우 대통령은 "지금 우리 정규군이 58만이고 미국과의 방위조약이 시퍼렇게 살아있고, 월맹도 북폭으로 거덜 났는데 저들이 남침할 힘이 없다"고 장담하고 있었다. 티우 대통령은 반공지도자였지만 평화에 눈이 멀어 유비무환을 잊고 있었고, 월남군도 총체적으로 부패해 있었다. 그는 월맹은 경제가 허약하고 식량과 물자부족이 심화되어 조만간 붕괴할 것으로 낙관하고 있었으니 국방이 제대로 될 리가 없었다.

1975년 3월 10일 새벽 2시 월맹 공산군이 중부 월남에서 총공세를 감행했다. 월남군은 밀리기 시작했다. 월맹군에게 허를 찔린 티우 대통령은 "즉각 정쟁을 중단하고 일치단결하여 침략군을 물리치고 자유 월남을 지키자"고 호소했다. 한편 국제감시위원단에게 "공산군의 북위 17도선 이북으로의 철수"를 요청함과 아울러 "미국에는 방위공약의 이행을 요청했다." 그러나 어느 것 하나 제대로 이행되지 않았다.

국제감시위원단의 역할이나 미국의 방위공약문서는 쓸모없는 휴지가 되고 있었다. 더욱이 티우 대통령의 대국민 호소가 발표되자 '구국 평화회복 및 반부패운동세력'의 지도자 짠후탄 신부는 월남 중부고원지대에서 반민족, 반독재 부정부패를 일삼는 티우 정권에 항거하는 민중봉기가 일어났다. "그곳에 월맹군은 없다. 티우는 책임지고 사퇴하라"고 반박하는 정도였다.

짠후탄 신부는 미국의 방위공약을 믿고 더 이상의 월맹군 공세는 불가능하다고 판단하여 이 기회에 티우 대통령에게 타격을 주어 몇 개월 후 치러질 대통령 선거에서 자기들이 미는 후보에게 유리한 분위기를 만들기 위한 발언이었다. 다른 야당 지도자들도 마찬가지였다. 월남이 망하지 않는 것이 이상할 정도였다.

월맹군 18개 사단은 저항 한번 제대로 못하는 월남군을 밟고 파죽지세로 남하해 3월 26일 다낭이 함락되었다. 사이공을 향해 물결처럼 밀고 내려왔다. 드디어 4월 21일 티유가 하야하고 재야 정치인 정반민 예비역 대장이 대통령에 취임하였으나 이때까지 미국은 대월남 방위공약을 이행하지 않았다.

4월 29일 월맹군 14개 사단이 사이공을 완전 포위했다. 4월 30일 정오 월맹군 2개 군단은 사이공 시내로 진격하여 탱크부대가 월남 대통령 관저가 위치한 독립궁을 점령했다. 월남 대통령 정반민은 포로가 됐고, 무조건 항복함으로써 월남은 지도상에서 영영 사라지고 말았다. 미국의 방위공약은 끝까지 월남과 사이공을 외면하고 말았다.

사이공 함락 후 월남의 군인, 경찰, 공무원, 지도층 인사, 정치인들은 모두 체포되어 인간개조 합숙소에 감금됐고 이중 다수는 생사불명 상태가 되었다. 공산정권은 형무소가 모자라 월남군 부대시설을 형무소로 개조해 그곳에

죄수들을 수용하기도 하였다. 여기에서 주목할 점은 지금까지 월남에서 반체제 운동을 벌이던 종교인, 학생, 민주인사들이 모조리 체포 수감됐다. 그들의 수감명목은 "자본주의 사회에서 반체제활동을 하던 자들은 사회주의 사회에서도 똑같은 짓을 할 우려가 있기 때문"이란 이유였다.

한편, 월남 국민들은 소형선박을 이용한 목숨을 건 탈출에 나섰으니 이 보트피플(Boat People) 숫자가 약 106만 명, 이중에 인도지나해의 검은 파도와 사투를 벌이다가 상어 밥으로 죽은 희생자가 11만 명, 살아서 해외로 이주한 사람이 95만 명으로 집계되었다.

8. 월남 패망의 교훈적 결론

(1) 강대국과의 맺은 방위조약도 그 조약이 지켜질 수 있도록 조건과 상황이 되어 있을 때에만 지켜질 수 있다는 것이다. 사회가 혼란하고 자국의 안보를 지켜낼 의지도 없고 4분 5열되어 망국의 길을 걷고 있다면 미국이 아니라 어느 나라가 약속을 지키겠는가라는 것은 상식이 되었다.

협정에 조인된 문서는 양국이 조약을 지켜줄 절실한 필요가 있을 때에만 지켜진다는 것이다. 방위조약 같은 문서는 문서일 뿐이며 지켜지는 조건은 계속 변경되고 있는 것이다. 월남은 이것을 몰랐다. 동맹은 평소 신뢰에서 지켜지는 것이다.

(2) 군대의 첨단무기와 경제력의 우위 같은 것도 국가기강과 사회안정의 다음 순서이다. 월맹군인은 소금에 두끼 밥과 군화도 없이 타이어를 잘라 끈으로 묶어 신어야 하는 거지 군대의 모습을 하고도 현대식 무장을 하고 호의호식하는 월남군을 불과 4개월 만에 휩쓸어 무너뜨렸다.

(3) 월남전은 월맹의 인민민주주의혁명 전략이 성공한 전쟁이었다. 월맹은 총공격에 앞서 월남 사회를 흔들어 놓았고 갈등을 조장시켰고 안보불감증으로 평화의 노래를 부르게 하여 월남을 총체적으로 무력화시킨 다음 손쉽게 월맹군을 진격시켜 성공한 전쟁이다. 텅 빈 들판을 무인지경으로 달린 경우라 하겠다.

(4) 월남의 패망으로 파리비밀평화회담은 실패하였음에도 키신저의 노벨평화상은 아직도 그의 책상을 빛내고 있다.

월남패전의 지루한 소설을 마치면서 우리 대한민국은 지금 바로 이 시점에서 32년 전의 월남 패망의 값진 교훈을 되새겨 우리나라 대한민국을 지켜내야 하겠다.

9. 북한이 월남전에서 얻은 교훈

북한 김정일은 월맹군의 승리의 교훈을 어떻게 활용할 것인가?

(1) 미국과는 끈질기게 협상전략을 전개하면서 남한사회를 교란하고 혼란에 빠뜨려 반미의 물결을 세차게 일으킬 수 있다면 결국 미군도 철수시킬 수 있다는 교훈을 얻었을 것이고 여기에 핵무기가 큰 촉진제이며 해결사로서 손색이 없으리라 굳게 믿고 미군철수와 남한의 혼란을 가속시켜 나갈 것이다.

(2) 핵무기를 앞세워 남한 사회와 군의 전의를 저하시키기 위하여 인민민주주의혁명 전략전술을 강력하게 전개할 것이다. 조국통일5대강령에 따라 고려민주연방공화국 통일방안을 본격적으로 대두시켜 전쟁없이 통일할 수 있다는 위장평화공세를 펼칠 것이다.

(3) 미군이 철수한다면 결정적 시기가 왔다고 판단되는 즉시, 월맹군처럼 총공격으로 남조선혁명을 완수하려 들 것이다. 이것이 김정일의 대남 혁명전쟁 시나리오이다.

이상으로 베트남전쟁을 통해서본 월남패망의 역사에서 우리는 조국수호의 큰 교훈을 얻어야 하겠다. 역사에서 교훈을 얻지 못하는 자는 결코 미래를 열수 없다. 우리는 월남전과 6·25의 교훈을 되새겨 나라 지키는 보감(寶鑑)으로 삼아야 하겠다.

이 장을 마무리하면서 국민, 정부, 정치권, 우리의 국군이 하나 되어 이 북핵 위기를 극복하고 한반도에 태극기 휘날리는 날을 손꼽아 기다린다.

조국이여 영원 하라... 민족이여 하나 되자.

14장 결 론

역사에서 얻은 교훈
생생히 되새겨
우리 살 길
열어가는 길잡이 삼아
나라 지켜
통일노래 같이 부르세
조국이여! 민족이여!
영원하리라....

14장 결 론

이 결론의 장에서는 본문에서 부분별로 다루면서 다소 산발적이었던 북한핵실험의 배경과 원인을 종합적으로 보다 명쾌하게 사실성 있게 엮어 가려고 한다.

첫째, 북한핵실험은 왜 했을까? 과연 목적이 무엇인가?

둘째, UN안보리 대북제재로 북한핵이 제거될 수 있을까?

셋째, 우리 대한민국은 무엇을 동원해야 될 것인가?

넷째, 위기는 위기로 끝날 것인가? 희망은 열릴 것인가?

위와 같이 네 가지로 나누어 펼쳐 나가겠다.

1. 북한핵실험은 왜 했을까? 과연 목적은 무엇인가?

북한은 2006년 10월 9일 핵실험으로 핵무장이 확인되었다. 핵무장을 한 북한의 인민군대의 목표는 결정적 시기가 오면 소위 통일전쟁을 재개하여 남조선을 해방시키려는 것이다. 우리 남한의 표현으로는 “북한이 남한을 적화통일하기 위하여 핵무기를 보유한 것이다”로 쉽게 말할 수 있다. 김일성은 6·25 전쟁을 통해서 크게 보아 6가지의 실패의 교훈을 얻게 되어 통한의 눈물을 삼켰다. 이 6가지의 실패의 요인을 해결하는 대로 반드시 제2의 통일전쟁으로 남조선을 해방시키겠다는 마음을 먹고 1994년 그가 사망할 때까지 인민군대를 새롭게 재편성 강화시켰다.

지금은 이 실패 요인을 거의 모두 마무리하고 어떠한 전쟁에도 승리 할 수 있는 준비가 되었다고 자신감에 차 있는 상태이다. 김일성의 대를 이은 김정일은 그 종착지점인 핵무기로 무장한 인민군대를 완성시키기에 이르렀다. 그런데 필자는 왜 핵무장한 인민군대로 다시 전쟁을 일으킨다는 단정을 하는가라는 물음에 비교적 상세하게 설명하고자 한다.

먼저 인민군대 편성과 무기체계를 보면 한 눈에 방어개념이 아니라 공격대형으로 구성되었다는 것을 알 수 있다. 그리고 그 공격대형은 6·25 남침 전쟁을 성공시키지 못한 여섯 가지의 실패 요인들을 해결하고 김일성의 절통의 한을 풀려는 발자취를 살펴보면 어렵지 않게 알 수 있다.

김정일은 이 6가지의 요인이 완전 해결되었다고 확인하는 순간 기다리던 결정적 시기가 왔다고 보고 또다시 6·25와 같은 제2의 통일전쟁을 감행할 것이다. 그렇다면

이 6가지의 요인을 분석하면서 하나하나 확인해 보기로 한다.

(1) 김일성이 당시 남한의 경비대 수준의 소위 국방군을 상대로 단기간 내에 섬멸할 것으로 확신하고 모든 작전이 진행되었다. 그런데 즉각 미국이 참전하였고 그 참전한 미군은 일본을 병참기지로 사용하여 파죽지세로 남하하는 인민군대를 가로막고 반격하는 데 김일성은 **속수무책**이었다.

그렇다고 미국과 일본을 상대하여 외교적 압력이나 무력의 위협으로 미국이나 일본의 참전을 되돌리거나 막을 수가 없어 속수무책으로 압록강까지 도망갔으나 중공군의 지원으로 겨우 목숨만은 건질 수가 이었던 것이 김일성의 기고만장하게 시작한 소위 6·25 통일전쟁의 결산이다.

여기에서 김일성은 이 실패의 병을 치료하는 명약을 개발하려고 하였으니 그것이 정밀장거리 타격무기인 미사일이다.

우선 남한을 겨냥한 미사일 개발에서 시작하여 노동 급 미사일은 일본 전역을 사정권으로 하고, 대포동 2호급 이상은 ICBM(대륙간 탄도미사일)으로서 사정거리 6,000~12,000㎞이며 미국 본토를 사정거리에 두고 있는 것이다. 노동 급 미사일은 개발에 완전 성공하여 실전에 배치되어 있고 ICBM인 대포동 2호 급 이상 미사일은 지난 번에도 시험 발사될 정도로 완성을 향해 박차를 가하고 있는 것이다. 이것이 모두 완성되면 김정일은 미국이나 일본을 상대로 하여 또다시 한국전에 참전할 경우 북한도 미국본토와 일본을 공격할 수 있다는 카드를 꺼내들 수 있게 되는 것이다. 북한은 이 ICBM을 완전 개발 성공하였다고 호언장담하고 있다.

여기에다 핵탄두를 장착하였다면 미국이나 일본으로서도 간단하게 넘길 문제가 아니고 6·25 때와는 상황이 달라지는 것이다. 6·25 때처럼 거침없이 참전하는 것은 불가능해지고 만약 참전한다 하더라도 많은 시간이 필요한 후 결정하게 될 것이다. 미국이나 일본이 참전을 포기하던가, 시간이 많이 걸리든가하는 것은 무기체계의 발달로 단기전일 수밖에 없는 작전개념으로 볼 때 절대 북한에게 유리한 결정적 요인이 될 수 있다.

북한의 핵무기는 초보적 단계를 넘어 핵탄두 개발에 성공했다는 데 무게를 두고 있다. 이것은 뒤에 첨부된 부록을 참고하기 바라면서 핵탄두냐 아니냐는 것은 미사일 개발의 수준과 경로를 추적하면 거의 알 수 있다.

예를 들어 전혀 핵탄두를 개발하지 못한 상태에서 엄청

난 기술과 돈이 들어가는 중거리 미사일이나 장거리 미사일, ICBM을 개발한다는 것은 군사 이론상 맞지 않는 것이다. 대륙간 탄도탄을 개발하여 성공단계에 들어갔다는 것은 실제 사용을 전제한 것이다. 따라서 북한은 미국이나 일본을 상대하여 각기 본토에 핵탄두를 쏘아 댈 수 있는 단계에 도달했다고 보는 것이 옳은 생각일 것이다. 이렇게 본다면 북한으로서는 6·25 때 제일 큰 첫 번째 실패요인을 해결하였거나 해결 단계에 있다고 보아야 한다.

나아가서 김정일이 미국 본토를 공격할 수 있는 탄두가 완성되면 미국본토 공격위협으로 주한미군 철수를 관철시키는 이판사판식 벼랑끝 전술로 나올 가능성도 전혀 배제할 수 없다.

(2) 김일성은 공군과 해군이 열세하여 제공권과 재해권이 거의 미군에게 넘어가 있었다. 그리하여 지상군 위주의 작전을 벌일 수밖에 없었다. 한미연합군은 인민군의 부대이동과 보급로를 공군의 폭격으로 차단하고 반격하는데 사실상 김일성은 **속수무책**이었다.

그리하여 김일성은 한때는 소련의 지원을 받아 공군과 해군의 현대화에도 노력하였으나 원체 많은 돈과 빠르게 발전하는 항공기와 함정을 보유하는데 한계를 느껴 공군과 해군은 한미연합군 전력에 훨씬 못 미치는 열세가 지금도 계속되고 있는 실정이다.

공군은 전투기, 폭격기 등이 있으나 보유 대수에 상관없이 한미연합군의 최신 항공기에 비하면 그 전투력이 아직도 열세에 있으나 저공비행으로 레이더에 포착되지 않는 AN-2항공기가 300대에 달하며 IL-28 등은 주목해야 할 항공기로 특수부대 이동침투나 핵폭탄 투하수단으로 알려져 있다.

해군은 전함이나 구축함 등에 있어 한미연합군에 비하여 엄청난 열세에 있으나 소해정, 중·소형 잠수함이나 잠수정을 보유함으로써 남한에 기습 침투 전력을 가지고 있으며 특히 소형 고속미사일정의 공격과 기뢰부설 특수부대로 한미 해군을 무력화 시킨다는 것이 주목할 점이다.

김일성이 제공권과 제해권 확보에는 한계가 있으나 대신 어떠한 폭격이나 포격에도 견딜 수 있는 지하요새를 완벽하게 구축하여 지하전투기지에서도 중·단·장거리 미사일 공격을 할 수 있는 전략 전술로 바꾸었으며 해·공군의 약점을 충분히 해결하였다는 것이다. 김정일은 이 요인도 해결하였다고 장담하고 있다.

(3) 김일성은 일본-한국과의 해상 보급로와 한미연합군

의 지상보급로를 차단할 수 없었다. 이것이 큰 패인 중의 하나이다. 반면 인민군은 연합군의 계속되는 공습으로 겨우 야간 달구지 보급로에 의존할 수밖에 없는 것이 패인을 가중시켰다. 따라서 인천상륙작전 역시 작전상의 미숙으로 상륙 지점을 잘못 예측한 점도 있었지만 정확하게 알았다 손 치더라도 해상로를 차단할 수 없었다. 김일성은 **속수무책**이었다.

김일성은 이 실패의 요인을 해결하는 것 역시 결정적으로 정밀도 높은 미사일 공격으로 타격을 가함으로써 해결할 수 있다는 전술로 대체하였다고 본다. 북한은 지난 30여 년간 미사일 개발에 모든 힘을 쏟아 부어 단·중·장거리 미사일분야에서 세계 수준임을 자랑하고 있다.

그리고 유의해야 할 점은 북한 전폭기가 비록 구형이 대부분이지만 유사시 출격하여 일본 '가미가제'식 자살 공격을 가하는 것이 기본으로 되어있고 출격 때 조종사가 마시는 특수한 술도 배치하고 있다는 사실이다.

미사일 공격은 요격 시스템(system)에 따라 성공여부가 결정됨으로 이 분야는 세계적으로 미국이 전적으로 우위를 가지고 있기에 김정일이 그렇게 안심할 수만은 없는 것이다.

(4) 전방과 후방의 적을 동시에 타격을 가하여 완전 섬멸할 수 있는 특수부대가 없어 전선에서 후퇴한 남한 군이 연합군과 재정비할 수 있는 시간을 주었고, 남한의 예비대를 섬멸할 수 없었다. 여기에 김일성은 **속수무책**이었다. 잘 훈련된 특수부대만 있었더라면 6·25 전쟁은 인민군의 완전한 승리로 끝날 수도 있었을 것이다. 김일성은 6·25 남침이 한창이던 때 전선 사령관으로부터 문경고개에서 인민군이 고전한다는 보고를 받고 탄식하면서 그놈의 경보병 대대 3개 대대만 있으면 이 전쟁을 당장 끝낼 수 있을 텐데 하며 몇번이고 아쉬어 하였다.

전방에서 몰아치는 공격과 동시에 후방을 교란하여 전투력을 분산, 약화시키는 전후방 협공을 가했더라면 낙동강 방어선은 무너뜨릴 수도 있었을 것이다. 이에 통탄을 금치 못한 김일성은 특수부대 양성에 전력을 쏟아 부어 오늘의 세계 최대 정예 특수부대를 가지고 있는 것이다.

인민군대 구성으로 볼 때 이 특수부대가 육·해·공군으로 총 망라되어 12만에 이른 것 하나만 보더라도 남침전쟁용인 것이고 동시에 1만 명을 이동시킬 수 있는 항공능력을 보유한 점 등을 감안하면 초보적 군사 지식으로도 쉽게 알 수 있는 대목이다.

그리고 북한이 세계 제1의 화생무기를 가지고 있다는 것은 때가 오면 전쟁으로 남한의 전후방을 일시에 제압하겠다는 전략과 전술인 것이다. 실패의 요인을 이 분야에서는 초과하여 김일성의 한을 풀었다고 하겠다.

(5) 공격 밖에 모르고 승리를 의심하지 않았던 인민군대는 한미연합군의 반격에 저지선을 구축할 수 있는 예비부대와 방어 진지가 없어 전선이 급속도로 빠르게 무너져 주력 전투 병력의 막대한 손실은 물론 야전 지휘관들의 손실이 많았다. 후퇴하던 인민군은 중공군의 지원이 없었더라면 완전 괴멸되었을 것이다.

이 당시 인민군 군관들과 주력부대는 대부분이 한인 팔로군 출신으로서 전투 경험이 풍부한 잃어서는 안 되는 귀중한 병력들이었다. 그리고 평양을 별 저항도 못해보고 내주고 도망가기에 바빴고 파죽지세로 몰아치는 한미연합군에 대하여 김일성은 **속수무책**이었다.

그리하여 휴전 후 전후 복구에서 정신을 차린 김일성은 1962년 12월 4대 군사노선을 발표하면서 인민군을 재창군 수준으로 개편 강화하였고 북한을 어떠한 전쟁에도 견딜 수 있는 공격과 방어기지로 요새화 시킨 것이다.

(6) 김일성은 6·25 전쟁을 시작할 때 큰 전제가 있었

다. 1946년 4월 북한으로 도망쳐 온 박헌영을 조선노동당 중앙위원회 부위원장, 내각 부수상 겸 외무상을 시킨다. 6·25 전쟁을 시작할 때 박헌영은 김일성에게 인민군대가 진격하면 도처에서 우리 남로당 세포조직이 전국적으로 움직여서 민중봉기와 무장봉기가 수십만 명에 달할 것이라고 장담하였든 것이다.

김일성은 남한의 후방이 교란되고 군과 경찰의 전력이 분산되어 남한의 전선 전투력이 약화될 것을 전제로 진격해나갔다.

그런데 남한에서는 김일성이 바라던 제 2전선이 형성되지 않았다. 휴전 후 통일전쟁에서 성공하지 못한 것이 박헌영에게 그 책임이 있다고 하여 박헌영은 반당종파분자, 간첩, 정부전복음모 등의 죄명으로 평안북도 철산에 감금되었다가 1955년 12월 5일 잔인한 방법으로 처형되었다.

6·25는 남한 내의 북한의 지하당이 없었고 내응하는 친북 조직이 없어 남한의 후방을 교란하고 혼란에 빠뜨리지 못하고 전선의 인민군대만으로 싸우게 되어 김일성은 **속수무책**으로 당했다는 한을 품게 되었다.

그리하여 김일성은 미사일, 핵무기 개발 못지않게 남한의 혁명역량을 강화하기 위하여 광분하고 있으며, 대남 혁명 기지를 구축하기 위하여 지하당조직, 친북세력을 조직화하려는 정치공작을 지금 이 시간까지도 진행하고 있는 것이다.

특히 북한은 남한의 청년 학생층, 지식층, 노동자, 농민, 종교계, 시민단체, 군대까지 공작의 손을 뻗치려고 교묘한 수단과 방법을 총동원하고 있는 실정이다. 이것은 김일성, 김정일의 대남 혁명전쟁 전략 전술인 것이다.

지금 우리 주변에서 일어나고 있는 반미 자주화, 반전평화, 민족공조를 외치며 폭력시위를 일삼으며 미군철수만이 평화통일을 이룬다고 하면서 미군은 침략자라고 하는 세력들의 정체를 엄중히 따져서 이제는 수사당국 뿐만 아니라 자유민주주의와 대한민국을 지키는 국민이 하나된 역량으로 잠재워야 한다.

우리 국민들은 어떠한 일이 있어도 북한 김정일의 제2전선을 용납해서는 안 된다. 이것이 전쟁이냐 평화냐를 결정짓는 열쇠이기 때문이다.

그리하여 김일성의 대를 이은 김정일이 이 여섯 번째 실패의 요인을 해결하지 못하여 전쟁을 할 수 없는 지경으로 몰아넣는 국민적 대 역량이 절실한 때이다. 오로지 국민의 힘만이 핵전쟁을 막을 수 있으며, 김정일이 전쟁으로 승부를 걸지 못한다면 그의 운명도 절벽을 향하여 갈 수 밖에 없다.

지금까지 설명한 것만 가지고도 왜 인민군이 핵무장을 했으며, 왜 미사일과 화생무기가 필요한지, 왜 그렇게 많은 특수부대가 필요한지 짐작이 되었으리라고 믿는다.

확실한 것은 남한 국민들이 북한 김정일에게 속지 않고 우리의 생명과 자유를 지키기 위한 국민정신의 일대 통합을 이루어 우리 조국 대한민국을 지켜내겠다는 결의로 충만 된다면 김정일은 인민군대만으로는 전쟁의 승리를 장담할 수 없고 6·25 실패의 마지막 여섯 번째 교훈을 되새기며 한반도에서 무력 충돌의 불장난을 할 수 없게 될 것이다. 이 여섯 번째 요인의 성패 여부가 '전쟁이냐' '평화냐'를 결정짓는 열쇠이며 이것은 전적으로 우리 국민들에게 달려 있다고 하겠다.

2. UN안보리 대북제재로 북한핵이 제거될 것인가?

확언할 수는 없지만 이번 UN안보리 대북제재 1718호가 거의 확실하게 진행된다면 북한핵은 제거될 것이다. 만약 대북제재에서 특히 미국과 중국이 대북제재의 수준과 방법에서 마찰음이 발생하여 제재의 효과가 없는 경우일 때 한반도에는 더 어려운 위기가 찾아올 것으로 판단된다.

대북제재에 결정적 힘을 가진 미국과 중국의 빈틈없는 협력 체제로 봉쇄와 압박이 이루어진다면 김정일은 직접적인 압박의 태풍에 의해 쓰러지건, 북한 내부의 소요 또는 반란에 의해 무너지든, 김정일은 더 버티지 못할 것이다. 중국도 끝내는 미국과의 공조체제에 보조를 맞출 것이다.

이번 대북제재에 큰 줄거리는 두 가지라고 볼 수 있다. 첫째, 북한의 핵개발과 연계된 물자와 돈과 교통을 차단하는 것이고 둘째는 PSI(대량살상무기 확산방지구상)에 모든 나라가 참여하여 북한핵과 관련된 무기나 기술이 다른 나라나 테러단체들에게 이전 되는 것을 강제로 막는 것이다.

이렇게 되면 김정일은 무기, 위조 달러, 마약, 심지어 위조담배와 기타 북한 외화획득사업에 타격을 받게 되어 연간 약 20억 달러에 이르는 돈이 못 들어오게 되는 것이다. 중국에서 들여오던 쌀과 원유 기타 생필품에 이르기까지도 지장을 받게 되면 아무리 김정일이라 하더라도 큰 혼란이 생겨 인민군대를 앞세운 독재 권력만으로는 버티지 못할 것이다. 내부의 혼란과 갑작스러운 붕괴와 반란까지도 예상할 수 있는 돌발 변수인 것이다.

그렇다면 김정일은 막다른 절벽이라고 감지하고 무력도발을 할 수 있을까? 앞서 설명한대로 김정일은 아버지 김일성의 6·25 실패요인을 잘 알고 있다. 김정일은 아버지 김일성의 실패의 전철을 반복하지 않을 것이다. 남한에 한미연합사체제로 미군이 주둔하고 있고 남한의 친북조직이 거리를 메우고 있다고는 하나 남한을 결정적으로 혼란에 빠뜨려 군의 전의가 저하되고 전력이 분산되고 미군이 철수할 정도가 아니고 남한의 자유와 대한민국 수호의 결의가 민심의 중심을 잡고 있고 사회가 안정되어 있다면 김정일은 무력도발의 자신감을 잃을 것이다.

전쟁을 막는 것은 결론적으로 남한 사회를 안정시키고 결사항전의 의지로 민심이 흔들리지 않는다면 북한핵으로 인한 위기를 극복하고도 남음이 있다고 확언할 수 있다.

다시 말하자면 북한의 김정일은 한미연합사와 일본의 압박과 남한의 자유 수호의지에 가득 찬 민심을 그대로 두고 전쟁을 이기겠다고 할 정도의 둔한 사람이 아니라는 것이다.

3. 우리 대한민국은 무엇을 동원해야 하는가?

우리 정부가 세계의 방향타를 잘 읽어가면서 현명하게 대처하여 이 북핵 위기의 먹구름을 걷어내어 다시 파란 하늘 아래 국민이 살 수 있도록 지혜와 용기를 모을 것으로 굳게 믿는다.

우리의 믿음직한 국군도 주한미군과 긴밀한 연합체제로 한 치 반치의 오차도 없이 김정일의 숨소리 까지도 읽으면서 국토방위에 최선을 다해 전쟁 자체를 예방하는 억지력으로 평화를 지켜낼 것으로 믿어 의심치 않는다. 문제는 북한핵의 엄청난 위기를 위기로 생각하지 않고 있는 국민들의 안보 불감증, 무관심, 안보기피증이다, 나 하나야 뭐, 설마, 북한을 막연한 같은 민족이라는 기대감으로 평화는 평화롭게 지내도 머물러 있겠지 하는 것이다. 이 틈을 비집고 들어오는 친북조직들이 베트남과 같이 위장평화, 반전, 반미, 민족끼리 등으로 가장한 '붉은 민족투사'들이 민심을 휘어잡고 남한 사회를 극도로 혼란에 빠뜨리려고 하는 것이다.

따라서 북한은 남한 전체를 안으로부터 무너뜨려 남조선혁명의 꿈을 이루려고 날뛸 것이다. 사회가 극도로 혼란에 빠질 경우 친북세력들은 베트남전처럼 무장폭도로 변하여

도시 게릴라로 변할 단계까지 이르면 대한민국의 운명도 풍전등화의 위험으로 빠질 수 있다.

중요한 이슈인 미군철수, 국가보안법 폐지를 외치는 준무장시위는 거의 의심할 필요 없는 친북조직이라고 여겨진다. 왜냐하면 2005년 2월 10일 북한은 외무성 발표로 핵무기를 보유했다고 공식 발표 하였다.

그럼에도 친북세력들의 미군철수 주장은 마치 배고픈 사자에게 맨손으로 덤벼보자는 이야기와 같은 것이다. 이것은 군사적으로도 현대 전쟁 논리에도 있을 수 없는 일이다. 비대칭 전력의 군사력 불균형은 전쟁의 위험성을 고조시킬 뿐 아니라 핵무기 없는 쪽이 패전하게 되어 있다. 일방적인 미군철수는 남한의 생존권을 북한 김정일에게 바치자는 속셈이 없다면 할 수 없는 주장이라고 판단한다.

북한 김정일은 미군철수가 이루어지면 결정적 시기가 왔다고 남침을 감행할 것이라는 것은 이미 김일성의 6·25 실패교훈으로 설명하였지만 이것은 설명하고 안하고의 문제가 아니라, 군사적인 경험이 없는 초보자라도 쉽게 알 수 있는 문제 풀이이다.

우리 남한의 군대가 설사 막아 낸다 손 치더라도 엄청

난 전쟁 피해를 입고 난 다음일 것이고, 김정일의 계획대로 핵과 화생무기, 미사일 등이 총동원되어 뜻을 이룬다면 자유민주주의의 나라 대한민국은 없어지고 말 것이다.

지금처럼 한미연합사령부가 협동하여 우리의 방위를 철저히 담당할 경우 김정일은 핵 무장을 했다 하더라도 감히 불장난을 할 수 없다는 것은 군사적으로도 정답일 뿐더러 지금까지 북한이 한미 연합전력의 두려움으로 무력 도발을 못하고 있는 역사가 증명하고 있다.

그래서 전쟁 자체가 억제되어 평화의 대한민국이 있어온 것이다. 그렇다면 끈질기게 계속 주한미군철수만을 주장하는 이유와 배경은 불문가지이다.

바로 이것을 수사당국이 철저히 막아야 하겠지만 개방된 민주주의 국가 체제의 약점을 교묘히 이용하는 이 친북 조직들의 준동을 우리 국민도 함께 막아야만 한다. 우리 자유민주주의 조국수호 민중세력이 눈을 크게 뜨고 한목소리로 꾸짖고 외치면서 제압할 수 있을 때 사회 안정이 찾아오게 된다.

이렇게 우리 국민의 힘으로 이룬 사회 안정과 국력만이 결코 북한 김정일의 무력 도발을 막고 평화의 나라, 자유의 나라, 대한민국을 지켜낼 수 있다. 지금은 어렵지만 위기의 질곡에서 슬기롭게, 힘차게 빠져나와 살기 좋은 우리의 조국 대한민국을 지켜 나아가야 하겠다. 대한민국은 결코 쓰러지지 않는다.

4. 위기는 위기로 끝날 것인가? 희망은 열릴 것인가?

이것이 이 책을 끝맺는 필자의 마지막 순서이기에 한편 못 다한 이야기를 접어야 하는 아쉬움에 잠기기도 한다. 위험을 두려워해서는 안 된다. 위험은 반드시 막을 수 있다는 자신감과 위험을 막을 수 있는 대비와 의지로 막아야 한다. 이 북핵 위기의 극복은 결과적으로 북한 김정일에게 물어서는 안 되며 우리가 우리에게 물어야 풀리는 문제이다.

이제 우리는 흩어져 있던 모래로 철옹성의 콘크리트 성벽을 쌓아 4,800만의 안전을 지켜내야 한다. 우리가 무관심에서 경각심으로 눈을 돌려 북한의 숨겨져 있는 깊은 속마음을 꿰뚫어 보는 천리안을 가질 때이다.

하루에 커피 한잔 마시는 시간, 담배 한 대 피우는 잠시의 시간까지도 아껴서 이러한 책과 논문들과 전문가들의 글을 읽으면서 우리의 눈을 밝혀 북한을 바로 알고, 우리 사회를 바로 보고, 마음을 다지고 합쳐야 한다.

그리고 흔들리지 않아야 한다.

4,800만이 모래알 되어 흩어져 있으면 이리 밟히고 저리 밟히다가 바닷물에 쓸려 내려가고 말 것이다. 바로 우리 국민이, 아니 우리 국민만이 북한 김정일의 붉은 야욕을 막는 열쇠를 가지고 있다고 확신한다.

그리하여 우리나라가, 우리 사회가 북한 김정일의 춤과 노래의 판이 되어서는 절대 안 된다는 국민적 대(大)합의를 이끌어 내어 나 자신을 위하고 나와 우리를 같이 생각하는 큰 동그라미를 그리며 대한민국 조국 통일의 노래를 힘차게 불러야 할 때가 바로 지금이라고 생각한다.

지금 한반도는 두 갈래의 기로에 서 있다. 김정일의 불장난에 말려들 것이냐? 통일의 넓은 평야로 달려 나갈 것이냐? 전 세계의 물결은 요동치고 있다. 우리가 이 물결을 거스르지 않고 통일의 평야로 물길을 돌린다면 김정일의 불장난은 이 한반도에서 영영 사라지고야 말 것이다. 그것이 바로 이 때인 것이다.

우리 4,800만 국민 모두 내일의 큰 희망으로 마음을 가득 채우고 태극기 휘날리며 통일의 넓은 들판으로 힘차게 달려 나가자.

부 록

북핵 보유 분석 (북핵 일지)

북핵 보유 분석(북핵일지)

* 원자력이란 - 모든 물질은 원자로 구성 → 원자핵 → 양자, 중성자 → 핵분열 → 핵분열 연쇄반응 → Energy 발생 → 원자탄, 원자로
* 원자력 발전소란- U235 0.7-4% 농축, 원자폭탄-U235 90% 농축
* 흑연감속재형 원자로, 경수형 원자로, 중수형 원자로
* 북한 → 흑연감속재형 원자로
* 한국 → 경수형 원자로(U235 2-4% 저농축)
  중수형 원자로(월성 1, 2호기)
* 핵연료 - U원광석 → 정련공장 옐로케이크 → 변환공장 UF6로 변환 → 저농축공장 U235 2-4% 저농축된 까만 분말 → 성형가공 공장 담배 필터크기, 핵연료 pellet → 가열시킨 단단한 고체를 핵연료라고 함
* 연료봉 - 특수학금 긴 막대 연료봉 → 한 개의 연료봉에 350개 → 연료봉 수 개 다발 → 핵연료봉 다발 또는 핵연료 집합체라고 함
* 원자로 - 핵연료 집합체를 수십 개 집어넣고→ 중성자투사 → 원자핵 분열 → Energy발생 → 원자로 속 물을 데워서 → 증기 생산 → turbine돌림 → 전기 생산

사용 후 핵연료 재처리

* 사용 후 핵연료(저장 조 깊은 물 속 보관) → 충분한 냉각 → 재처리 → 핵연료 재사용
우라늄 원광은 U235 0.7% U238 99.3% → U235 저농축 2%-4%핵연료 → 비핵분열물질인 U238 핵분열시 한 개의 중성자 흡수 → PU239 핵분열물질로 바뀜
경수로인 경우 → 사용 후 핵연료 재처리 → 핵연료 사용기간 반비례 → PU239 0% → PU240 PU241 PU242 → 핵무기 재조 불가능 물질

* 북한의 핵개발

(1) 1956 - 소련의 두브나핵연구소 과학자 연수
(2) 1959.9 - 조, 소 원자력 평화이용에 관한 협정 체결
(3) 1962 - 영변 원자력 연구단지 조성
(4) 1965.6 - 소련으로부터 IRT-2000 원자로(제 1 원자로) 도입하여 본격적 연구 돌입
(5) 1974.9 - IAEA 가입
(6) 1977.12 - IRT-2000 부분적 핵 안전 조치 협정 채결 - 정기적 사찰 받음
(7) 1980 - 30MW 제 2원자로 착공 1986년 완공

가동

(8) 1985 - 50~200MW 제 3원자로 착공
평상, 박천 U 정련시설, 평산 U광산

(9) IRT-2000 원자로 - 1978년부터 IAEA 사찰로 비교적 의문점 없음.

(10) 문제는 열 출력 30MW(전기출력 5MW) 제 2원자로 → 사용 후 핵연료 재처리 → 연간 PU239 7-8kg 추출 가능 → 한 개의 원자탄 제조 PU239 4.5-8kg,
만일 200MW 제 3원자로 가동시→연간 18-50kg PU239 추출가능

(11) 1992.5.11~15 - IAEA 한스 부릭스 사무총장 북한핵시설 방문 후 소감 피력 → 대부분 북한측 설명에 의존 → 북한이 1990.3 소량의 PU239 추출 시인 → 영변 방사화학 실험실 → 재처리 시설로 간주함

(12) 이 재처리시설(영변 방사화학 실험실) 길이 180m 높이 5층

(13) 1992.5.25~6.5 - 10일간 IAEA가 북한핵 사찰 결과를 6월 10일 한스 부릭스 사무총장-이사회 보고 → 북한 원자로, 가스냉각방식, 흑연감속재형 원자로임

북한 반응 → 경수로로 대체해준다면 위험한 흑연감속로를 폐기할 용의 밝힘. 영변 재처리시설을 은폐기도 발견함.
북한은 모든 핵관련 시설을 IAEA 신고한 목록에 포함시키지 않음
IAEA - 소규모 핵시설, 시험시설 등을 이미 다른 곳으로 옮겨 은폐했을 가능성을 배제하지 못함
IAEA 임시사찰에서 → 최초보고에 누락된 2개소발견(방사선 동위원소 생산 시설, 우라늄 농축시설)
IAEA가 요구하여 이들 시설을 방문조사한 결과 동위원소 생산 시설 → PU239 생산을 위한 hotcell을 발견 U농축시설 → 이산화 우라늄 발견. 더 은닉된 핵시설 있을 것으로 보고 있으며 주로 지하시설에 은닉한 것으로 추정 북한에는 11,000개의 땅굴이 있다는 사실이다.

(14) 북한은 1990년 PU239 소량 추출시인, 1992년 hotcell 발견 등으로 볼 때 상당한 수준이며 재처리에 필요한 화공기술은 비료 정제 수준이므로 PU239 추출기술에는 문제가 없는 것으로 보임. 북한의 기초 과학 분야인 물리학, 수학에서는 남한보다 5년 정도 앞섰다는 지적이 있다.

영변에 대규모 재처리 시설 건설은 순서상 소규모의 실험실을 거치는 것이 상례이므로 이미 소규모 재처리가 이루어졌다는 것은 의심의 여지가 없는 것이다.

(15) 1992.6.15~19 - IAEA 정기 이사회 의견 일치 → PU239 분리용 hotcell 7개나 보유한 사실 등을 볼 때 제 3의 재처리 시설이 다른 곳에 지하화 되어 있다고 보고 있음. 이는 대부분의 군사시설이 지하화 되어 있는 현실을 보아 충분한 가능성이 있다고 보고 있음.

핵폭탄은 U235 90% 농축 → U탄 PU239 95% → PU탄

북한은 천연 우라늄이 풍부하고 두브나 핵 연구소에 수십 년간 과학자들을 연수시켜 왔으며 U탄은 핵실험이 필요 없음을 감안할 때, 이 방법을 택했을 것으로 보임.

아울러 북한은 PU탄 핵심기술인 내폭실험을 거쳐, 기폭장치(핵뇌관)를 개발 완료한 것으로 구소련 KGB 극비 문서에서 밝힌 바 있음. 특히 제 2원자로는 노심이 큰 영국의 콜더홀형 원자로여서 다량의 PU239 추출이 가능하다고 봄.

(16) 1989년 영변 5MW 원전이 100일간 가동정지

→ IAEA 영변 방사화학 실험실(재처리 시설)에서 채취된 sample 정밀조사 결과 최소한 3회에 걸쳐(1989. 1990. 1991) 8kg의 PU239 추출한 것으로 밝혀졌음. 영변 → 핵연구소, U농축공장, 저장고, 발전소, 방사화학실험실(재처리시설) 태천 → 200MW 핵발전소 박천 → U농축공장 순천 → U광산 평양 → 발전소 평산 → U광산, U농축공장 신포 → 발전소 김책시 → 발전소

남북핵 협상

* 1991.11.8 - 남북 일방적으로 비핵화와 평화구축 선언
* 1992. 2.19 - 남북 한반도 비핵화에 관한 공동선언 발효(6개항)

북한 → 1991.12.31 비핵화 공동선언 합의 후 빠른 시일 내 사찰 받는다는 약속을 함

* 1992. 1. 7 - 북한 외교부 성명 - 핵안전조치협정서 명 가장 빠른 시일 내에 IAEA사찰 받겠다고 하였음. 따라서 상응조치로 남한은 Team spirit 훈련 취

소 발표함.

* 남한은 임시사찰결과 등을 볼 때 북핵의 완전 제거는 IAEA 특별 사찰이 필요하며 나아가 사찰대상을 일방적으로 선정해 사찰해야한다는 것이다. 북한은 이에 반대하여 남북합의에 균열이 가기 시작함.
* 고폭실험 - 1983~1989년 북한은 영변의 강가 모래 사장에서 고폭실험을 70여 회나 실시한 것이 미국첩보위성에 발견되었으며 이미 핵무기를 제조하는 기폭 장치를 개발한 것으로 확인됨. IAEA 사찰을 대비하여 고폭 실험장 주위를 말끔히 청소한 것으로 드러나 증거 인멸 노력을 하였음이 밝혀졌으며 서방기준에 의하면 고폭실험 50회면 핵무기 개발 수준으로 보는 것이다.(현재까지 고폭실험 140여 회 실시함)
특히 1991 소련의 붕괴로 200명의 핵 기술자를 스카우트하여 군용핵 개발에 박차를 가함.
* 1차 핵 위기 - 핵사찰에 불만을 품은 북한은 1993.3.12 NPT 탈퇴 선언, 1993.6 북미 고위급 회담→ NPT 탈퇴 유보
* 북한은 1994 영변 재처리시설에 대한 핵사찰을 거부하고 폐연료봉 8,000개를 인출 → 극단적 강수로 한미 양국 압박 → 6월 카터 미 전 대통령 방북 설득 → 1994.10.21 북미 기본합의서 조인함

KEDO로부터 1000MW급 경수로 발전소 2기(46억불), 연간 50만 톤의 중유공급(7,000만불)

* 클린턴 '나의 인생' 자서전 → "나는 전쟁이 일어날 경우 양측이 입을 막대한 피해 규모에 대해 정신이 번쩍 드는 보고를 받았다"고 회고했다. 한반도가 긴박한 전쟁위기에 휩싸였던 시기였음
* 2차 핵 위기 - 1998.8.31 함경북도 화대군 무수단 미사일발사장에서 광명성 1호 발사 → 일본열도를 넘어 태평양으로 발사

  1998 금창리 핵 위기 발생 → 사찰 - 의문점 발견 못함

  2001.9.11 미국의 terror 대참사 발생 - 대terror전 시작됨
* 3차 핵 위기 - 북한 NPT 탈퇴, 핵연료봉 재처리 엄포 - 제임스 케리 미국무부 동아태 차관보 2002.10.3 평양 방문 - 북한은 핵무기 개발을 위한 고농축 우라늄 program 진행시인

  2002.11 - 미국 중유공급 중단

  2002.12 - 북한핵 사찰관 추방

  2003.1.10 - NPT 탈퇴 선언

  2004.4.23~25 - 북·중·미 3자회담 - 미국→ 선핵 포기 주장, 북한→ 5.24 외무성 대변인 발표→ 선

북·미 회담 후 다자회담

2004.4.25~28 - 2차 6자회담 미국 U고농축 program 폐기 요구, 검증하여 완전 폐기할 것을 제기

2004.6.23~26 - 3자회담 - 폐기하면 매일 수만 톤씩 중유공급 - 200만KW Energy 지원

2004.4.12 - NewYork Times기사 - 파키스탄 핵 물리학자 압둘 카디르 칸 박사(Abdul Qadeer Kahn) 5년 전(1999년) 북한 방문 시 핵 폭발장치 보았다. 그 중 한개는 탄두로 장착되어 있었다.

2005.2.10 - 북한 외무성 핵보유 발표 6자 회담 불참

* 결 언 - 이상의 핵 일지를 분석해보면 사실상 북한의 핵보유는 1990년 대 초에 이루어졌음을 알 수 있으며 서방측과 남한의 낙관과는 달리 이미 탄두에 장착이 된 핵무기로서 판단된다.

[개정판]

북한핵의 정체

김정일 핵실험 왜 했을까?

초판 1쇄 발행 2006년 11월 27일
개정판 1쇄 발행 2007년 2월 9일
2쇄 발행 2007년 3월 15일

지 은 이 정만수

펴 낸 이 이정화

책임편집 이경기획
기획편집 이경기획
북디자인 이경기획
교 정 이경기획

펴 낸 곳 도서출판 이 경
주 소 부산시 북구 금곡동 695
출판등록 제02-08-112호(2004. 8. 4)
전 화 (051)334-8881(代)
팩 스 (051)334-8857

ISBN 978-89-91390-19-5 04080

값 12,000원

총 판 한국출판협동조합(Tel. 02-716-5616~9)